FEMINISMO EM COMUM

MARCIA TIBURI
FEMINISMO EM COMUM
PARA TODAS, TODES E TODOS

16ª edição
revista e ampliada

Rio de Janeiro
2023

Copyright © Marcia Tiburi, 2018

CIP-BRASIL. CATALOGAÇÃO NA PUBLICAÇÃO
SINDICATO NACIONAL DOS EDITORES DE LIVROS, RJ

T431f   Tiburi, Marcia, 1970
16. ed.   Feminismo em comum : para todas, todes e todos /
Marcia Tiburi. – 16. ed., rev. e ampl. – Rio de Janeiro :
Rosa dos Tempos, 2023

ISBN 978-65-89828-07-5

1. Feminismo. 2. Mulheres – Condições sociais. I. Título.

21-73975   CDD: 305.42
CDU: 141.72

Leandra Felix da Cruz Candido – Bibliotecária – CRB-7/6135

Todos os direitos reservados. É proibido reproduzir, armazenar ou transmitir partes deste livro, através de quaisquer meios, sem prévia autorização por escrito.

Texto revisado segundo o Acordo Ortográfico da Língua Portuguesa de 1990.

Direitos desta edição adquiridos pela
EDITORA ROSA DOS TEMPOS
Um selo da
EDITORA RECORD LTDA.
Rua Argentina, 171 – Rio de Janeiro, RJ – 20921-380
Tel.: (21) 2585-2000.

Seja um leitor preferencial Record.
Cadastre-se e receba informações sobre nossos lançamentos e nossas promoções.

Atendimento e venda direta ao leitor:
sac@record.com.br

Impresso no Brasil
2023

"Sou muito grata a Marcia Tiburi pois ela denunciou, com coragem e lucidez, o golpe de Estado que foi o impeachment fraudulento em 2016. Marcia foi atacada por grupos fascistas, que vandalizaram o lançamento da primeira edição de sua obra, ameaçaram-na de morte e a obrigaram a deixar o Brasil.

Este livro, agora atualizado, aprofunda a abordagem filosófica do feminismo: há teoria e prática, há conceito extraído da realidade e fatos reais que facilitam sua compreensão. Leitura indispensável para quem pretende entender o seu mundo e viver melhor, em outra sociedade, em que a democracia seja radicalizada."

Dilma Rousseff, ex-presidenta da República (2011-2016)

"Com a densidade intelectual que a caracteriza, Marcia fez um manifesto sobre porque o feminismo nos liberta, nos transforma, nos faz irmãs. E também o quão forte é a relação entre feminismo, raça, classe."

Manuela D'Ávila, ex-deputada federal (2007-2015) e ex-candidata à vice-presidência da República (2018)

"Um livro que deveria ser de leitura obrigatória nas escolas, nas famílias, no Congresso. Um livro que explica o feminismo como diálogo, ética, luta, política, contradispositivo, construção de um futuro comum para todas, todes e todos."

Esther Solano, cientista política e professora da Unifesp

"Este livro é tão importante quanto a biblioteca prometida por Ítalo Calvino em *Se um viajante em uma noite de inverno*, por se tratar de um livro essencial à vida, por conter o Universo, único em que a humanidade e a dignidade humana são possíveis.

Ao definir o feminismo como o desejo por democracia radical voltada à luta por direitos de 'todas, todes e todos' Tiburi faz do feminismo não apenas essencial à vida humana na Terra, mas essencial à própria noção de vida. Não há como lutar por democracia sem libertar, definitivamente, o feminismo em todos nós."

Adriana Dias, mestre em antropologia pela Unicamp e coordenadora do Comitê Deficiência e Acessibilidade da Associação Brasileira de Antropologia

"Em *Feminismo em comum*, Marcia Tiburi afirma que 'assumir o signo mulher, sem consciência do que ele significa, é um perigo para as mulheres'. Ela contrapõe o feminismo ao ideário machista do feminino, revisita as relações de gênero no mundo do trabalho, valoriza as interseccionalidades e, entre outras dimensões, acolhe as diversas correntes do Feminismo, não na perspectiva da fragmentação do movimento, mas como algo que empresta força à resistência política das mulheres contra o patriarcado."

Olívia Santana, primeira mulher negra eleita deputada estadual na Bahia (2018)

"É bonito perceber como a autora transita no livro com convicção feminista, já explícita em diversas páginas onde conta a própria história e sua construção como tal. Mais bonito ainda é entrar no diálogo conosco como se estivéssemos numa roda de conversa, *Feminismo em comum* deve ser lido com entusiasmo! Mas com a mente e o coração abertos ao aprendizado."

Jandira Feghali, deputada federal (1991-2007 e 2011 até a atualidade)

"*Feminismo em comum* me abriu os olhos para a abrangência da luta que precisamos encarar e para a necessidade de alçarmos à esfera pública o que sentimos, sabemos e vivemos — e para o muito que precisamos aprender nessa trajetória. E, ainda mais especialmente: o livro me tocou pelo que tem, em si mesmo, de efetiva ação política e poética insubordinada, pela força e delicadeza de sua narrativa autobiográfica crítica e autocrítica, pelo que é como exemplo, convite e faísca."

Cristiane Brasileiro, professora da Uerj, mãe solo de menina e de menino, dona de casa e hardworker freelancer, leitora e escutadora

"Aberto, sensível e oportuno. Ao longo de textos sucintos, Marcia Tiburi é capaz de conjugar temas fundamentais para o feminismo atual e nos convida a uma reflexão sobre solidão, política, identidade, lugar de fala, violência, entre outros. Em páginas lúcidas e luminosas, nos estimula, a partir da crítica ao patriarcado, a produzir ideias sobre uma cidade mais justa, considerando as lutas dos oprimidos — por gênero, raça, classe social ou sexualidade. 'Quando lutamos por um lugar de fala, lutamos pelo lugar de todos.' À autora, gratidão por estar atenta a todas, todes e todos nós."

Marielle Franco, vereadora da cidade do Rio de Janeiro (2017-2018), feminista negra assassinada em 14 de março de 2018.

"Os feminismos nos ensinam que a experiência é a matriz do conhecimento e do pensamento crítico. Marcia Tiburi vive e pensa a prática feminista do comum com a força amorosa do diálogo. Seu livro é um convite ao encontro."

Áurea Carolina, deputada federal (2019-2023)

"Quando li Feminismo em comum, pensei muito na minha mãe e na minha vó, em coisas que gostaria de conversar com elas, em como a consciência do agora é capaz de ressignificar e até alterar alguns passados dolorosos. Conhecimento entre mulheres é carinho, e isso é muito poderoso."

Bruna Linzmeyer, atriz

SUMÁRIO

Prefácio à edição revista e ampliada   13

1. Feminismo já!   17
2. Pensar o feminismo   19
3. Somos todas trabalhadoras   27
4. Autocrítica: o feminismo para além do medo e da moda   45
5. Sexo e gênero   53
6. O feminismo é o contrário da solidão   61
7. A necessidade do diálogo e a catástrofe da misoginia   71
8. O feminismo e o feminino   87
9. Lugar de fala: feminismo dialógico como encontro das lutas   91

10. Lugar de escuta 97
11. Ideologia patriarcal 101
12. A prestação de serviços domésticos 109
13. A colonização machista 119
14. Direito de ser quem se é 125
15. Mulheres e feministas: um problema de identidade 131
16. Uma luta revolucionária 143
17. Poético-política 147
18. A equação sadomasoquista 153
19. Ser feminista: relatar a si mesma 159
20. A violência e o poder 167
21. Diálogo em nome de direitos 175
22. Política da escuta 181
23. Pensar juntas, juntes e juntos: por um feminismo em comum 187

PREFÁCIO À EDIÇÃO REVISTA E AMPLIADA

Feminismo em comum: para todas, todes e todos foi publicado pela primeira vez em janeiro de 2018. Naquele ano, eu e minha editora e amiga Livia Vianna realizamos uma caravana feminista pelo Brasil conversando com as pessoas sobre feminismo. Livia havia me convidado para lançar o livro de reinauguração da editora Rosa dos Tempos. Era o momento de colocar a energia do diálogo feminista em cena.

Nos lançamentos do livro, enfrentamos a invasão de homens machistas e fascistas em pleno processo de perseguição contra mim. Eu vinha sofrendo muitas ameaças, inclusive de morte, além de uma intensa campanha de difamação. Isso começou a partir do final de janeiro, depois de um programa de rádio, no qual eu falaria justamente sobre meu livro, ter sido invadido por agitadores fascistas, e eu, assustada, ter me retirado.

Naquele ano, a maior parte dos eventos de lançamento deste livro foi invadida por homens que agrediam, batiam em pessoas, ameaçavam atacar e, algumas vezes, chegaram a entrar armados em eventos. Precisei ter seguranças ao meu lado e já não podia mais andar nas ruas, metrôs ou aviões em paz. Contudo, eu tinha esperança de que aquela violência toda não passaria de um momento infeliz da nossa história que deveria ser superado. Na metade do ano, tendo em vista a perturbação política do país, me tornei candidata ao governo do Rio de Janeiro pelo Partido dos Trabalhadores — e "das trabalhadoras", como eu gosto de dizer. Era uma proposta que atendia à urgência da luta contra o fascismo, que ainda pouca gente percebia como sendo absolutamente urgente. Eu vinha alertando para o avanço do autoritarismo fascista desde 2015 com a publicação de *Como conversar com um fascista*. Infelizmente, o fascismo, que é uma poderosa tecnologia política de manipulação das massas, venceu, e eu tive que sair do país. A campanha de ódio da extrema direita contra mim continua até hoje. Me pergunto: por quê?

Porque o maior inimigo do fascismo é o pensamento reflexivo, o pensamento crítico. Eu, como professora de filosofia e intelectual pública, venho combatendo o fascismo com palavras, atos e livros, há vários anos. Enquanto houver fascismo, estarei em luta, e é óbvio que, enquanto eu estiver em luta contra essa abominação, eu serei atacada. Isso me importa? Sim e não. Sim, porque já não posso estar presente em meu país; não, porque, como feminista, estou acostumada aos ataques do patriarcado com o qual o fascismo se confunde. Não tenho medo dos canalhas, sujeitos dos privilégios sobre os quais falaremos neste livro. Sei do que eles são capazes.

Marielle Franco foi assassinada em 14 de março de 2018. Esse evento do mal radical que é a violência patriarcal racista se tornou um divisor de águas na luta feminista antirracista. Poucos dias antes de seu assassinato, ela me escreveu enviando suas generosas observações, pessoa comprometida que era com todas nós, suas companheiras de luta.

Hoje, eu gostaria de dedicar este livro reeditado à sua memória. Não tenho palavras para expressar a dor que resulta do advento de sua morte por assassinato. Eu e tantas outras feministas seguimos

16 | Feminismo em comum

vivas sob choque e cumprindo com o dever ético de promover sua memória. Converso muito com sua mãe, a querida Marinete Silva, e hoje gostaria de dedicar também a ela este livro, bem como a Anielle Franco, sua irmã, que criou o Instituto Marielle Franco, e Luyara Santos, sua filha, mulheres incríveis que vivem essa experiência em um nível que não podemos imaginar.

Muita coisa mudou desde 2018. Enfrentamos o avanço do fascismo e toda a corrupção econômica, moral e política do nosso amado Brasil. Enfrentamos uma pandemia que ainda não terminou. O fascismo que chegou ao governo em nosso país transformou um vírus mortal em arma de uma verdadeira guerra biológica contra o povo.

Sigo pensando que o feminismo como ético-política é a nossa única chance de existir em um mundo que é diariamente destruído pelo patriarcado, cuja expressão máxima é o fascismo. Por isso, este livro, ora revisto e ampliado, renova o convite para transformar o mundo que lhe dá significado.

Marcia Tiburi, Paris, 22 de dezembro de 2022,
aos 1.744 dias do assassinato de Marielle Franco por grupos
de extermínio que tomaram o poder no Brasil

1. FEMINISMO JÁ!

Feminismo é uma dessas palavras odiadas ou amadas radicalmente. Assim como há quem simplesmente rejeite a questão feminista, há quem se entregue a ela imediatamente em caráter de urgência. Talvez seja o momento de parar e perguntar por que há pessoas que temem o feminismo e por que há outras tantas que depositam todas as suas esperanças nele.

Talvez não haja um meio-termo entre as paixões do medo e da esperança em torno de um movimento tão expressivo e complexo como é o feminismo. Assim como talvez não haja equilíbrio possível entre o amor e o ódio que atinge o feminismo e também as feministas. Conclamar as pessoas para que sejam mais razoáveis com relação ao que o feminismo — como filosofia, como teoria e como prática — tem a nos dizer e a nos ensinar pode ser um bom começo. Precisamos aprofundar nossa compreensão acerca do seu sentido e da sua presença na sociedade em que vivemos. Afinal, por que existe o feminismo? Para onde ele nos encaminha?

Retirar o feminismo da seara das polêmicas infindáveis e enfrentá-lo como potência transformadora é o que há de mais importante. Vale, neste momento, enfrentar essa urgência.

2. PENSAR O FEMINISMO

O feminismo precisa ser pensado e analisado e, a partir daí, potencializado na prática. Do contrário, corre o risco de não chegar aonde poderia chegar. Impulsos indignados contra o patriarcado o movem e, na contramão, outros impulsos indignados contra o feminismo tentam destruí-lo.

Escrevo essas palavras considerando um outro aspecto, que o feminismo também pode se tornar mais um desses ideais que não produzem maiores consequências para a sociedade. Como simples indignação moral, não há garantia de que o feminismo possa se transformar em ação ético-política responsável e alterar a estrutura da sociedade patriarcal. Para quem tem uma relação apaixonada com o feminismo, essa questão pode soar desagradável. Eu confio

20 | Feminismo em comum

absolutamente no feminismo e posso dizer que tenho uma relação que fica entre a paixão e a razão quando me envolvo nessas reflexões. E, justamente por isso, preciso colocar as questões que seguem.

O feminismo é a desmontagem do patriarcado que visa transformar a sociedade em que vivemos. Na sociedade patriarcal, o feminismo surge exigindo um posicionamento diante do patriarcado e, assim, cria um espaço para si mesmo. O feminismo exige que olhemos, ao mesmo tempo, para o objeto de sua análise e também para o método que propõe. Nesse sentido, o feminismo é uma teoria-prática, uma metodologia que devemos construir juntas, livres do medo de pensar e projetar utopias.

Seja qual for a posição que se assuma dentro da multiplicidade de formas de se pensar e fazer feminismo, é um fato que o feminismo deveria ser sempre pensado de modo analítico, crítico e auto-crítico, como se deve fazer quando estão em jogo posturas teóricas e práticas que exigem nosso senso de consequência e nossa responsabilidade.

De fato, só podemos pensar analítica e critica-mente se respeitamos o objeto de nossas intenções reflexivas e, ao mesmo tempo, não evitamos realizar a autocrítica. Falo isso pensando em muitas pessoas, tanto naquelas que pensam o feminismo como a grande saída para as injustiças e as desigualdades sociais, como eu mesma penso, quanto naquelas outras que não conseguem ver nisso mais do que um "ismo", ou seja, um termo carregado de ideologia, ou marcado por um uso apenas espontâneo, impulsivo e pouco organizado quanto ao seu sentido. É importante saber que o feminismo não é uma ideologia, mas ele é a desmontagem da ideologia patriarcal sobre a qual falaremos ao longo deste livro na intenção de seu urgente enfrentamento.

Não há nada mais importante na vida do que aprender a pensar, e não se aprende a pensar sem aprender a perguntar pelas condições e pelos contextos nos quais estão situados os nossos objetos de investigação que condicionam também as nossas análises. Sempre refletimos a partir de circunstâncias. A crítica nada mais é do que a observação atenta das circunstâncias, que nos permite abrir e olhar com atenção os objetos de interesse. A crítica não é necessariamente a destruição daquilo que se quer conhecer. Ela deve ser uma desmontagem organizada que permite a reconstrução do objeto anteriormente desmontado. Isso não significa que buscamos desmontar o patriarcado para remontá-lo, mas que desmontamos o patriarcado para remontar a sociedade. É evidente que precisamos conhecer essa operação se quisermos de fato alterar o funcionamento da sociedade patriarcal, que é nosso objeto de investigação. É evidente também que, após essa operação, o objeto nunca mais é o mesmo, do mesmo modo que o sujeito que promoveu a operação. A crítica, portanto, já abala muito a estrutura da coisa em jogo. Isso quer dizer que a crítica é um procedimento teórico que é, ao mesmo tempo, prático.

A crítica é a atenção especial que damos às coisas e também ao nosso próprio modo de pensar, algo que vem melhorar o nosso olhar. Quero dizer, não existe crítica séria que não seja, ao mesmo tempo, autocrítica e metacrítica. A crítica é aquele tipo de pensamento que não tem medo do objeto a ser analisado, mas não tem medo também de olhar para si mesma no espelho. O feminismo é uma crítica desse tipo, uma crítica franca e aberta, que não tem medo da autocrítica.

Toda forma de crítica, desde que seja honesta, é válida. Considero que, no sentido de atenção cuidadosa, podemos aproveitar ao máximo as potências do pensamento que visa à transformação do mundo. O feminismo como ético-política se constrói nessa linha. O feminismo é a construção de um outro mundo possível. Não uma utopia previamente organizada, mas uma "heterotopia", a construção de um mundo livre da violência. O patriarcado é um sistema da violência, o feminismo, como veremos, é a sua superação. Vamos entender por que o feminismo é uma construção heterotópica em torno de algo "comum" que podemos construir juntas.

É com esse espírito que devemos nos perguntar aonde, afinal, nos levará o feminismo. Devemos imaginar esse lugar, ao qual pretendemos chegar, e devemos refletir sobre como chegar lá. As questões teóricas do feminismo nos ajudam na construção do caminho que não está decidido de antemão. Há temas que nos convocam todos os dias quando percebemos que somos — mulheres de todas as sexualidades e formas de ser, não mulheres, pessoas inscritas no âmbito LGBTQIA+ e até mesmo homens — ora "sujeitos de", ora "assujeitados por" a um mundo patriarcal que o feminismo vem questionar e desmontar.

O mundo patriarcal é um mundo conservador que se abala com a mais leve pluma de crítica. Trata-se de um sistema rígido que não controla sua violência e que, ao mesmo tempo, é muito frágil. Justamente por isso, se ergueu sobre a violência, por não ter outra força. O ataque ao feminismo como postura crítica do patriarcado é efeito do desespero desse sistema frágil e insustentável e que se mantém em pé pela brutalidade e pela barbárie. O feminismo se constrói contra as formas de violência que são inerentes ao patriarcado.

Nesse contexto, o feminismo nos leva à luta por direitos de todas, todes e todos. Todas porque quem leva essa luta adiante são as mulheres. Todes porque o feminismo liberou as pessoas de se identificarem somente como mulheres ou homens e abriu espaço para outras expressões de gênero — e de sexualidade — e isso veio interferir no todo da vida. Todos porque a luta por certa ideia de humanidade (que não é um humanismo, pois o humanismo também pode ser um operador ideológico que privilegia o homem em detrimento das mulheres, dos outros gêneros e, até mesmo, das outras espécies) considera que aquelas pessoas definidas como homens também devem ser incluídas em um processo realmente democrático, coisa que o mundo machista — que conferiu aos homens privilégios, mas os abandonou a uma profunda miséria espiritual — nunca pretendeu realmente levar à realização.

Desse modo, para começarmos nosso processo de compreensão sobre o feminismo, podemos defini-lo como o desejo por democracia radical voltada à luta por direitos daqueles que padecem sob injustiças criadas e sustentadas sistematicamente pelo patriarcado. Nesse processo de subjugação, incluímos todos os seres cujos corpos são medidos por seu valor de uso. Corpos para o trabalho, a procriação, o cuidado e a manutenção da vida, para a produção do prazer alheio — que também compõem a ampla esfera do trabalho na qual está em jogo o que se faz para o outro por necessidade de sobrevivência.

Não precisamos do patriarcado e não o desejamos, logo, nos cabe lutar por sua superação.

3. SOMOS TODAS TRABALHADORAS

Não podemos pensar em feminismo sem refletir sobre a questão do trabalho, elemento fundamental da subjugação dos corpos no sistema capitalista que se confunde com o patriarcado. O trabalho é uma necessidade que a civilização nos impõe. Ele é o oposto do prazer. Contudo, o prazer custa caro em uma sociedade capitalista. E custa caro porque custa trabalho. E é explorando e violentando corpos que esse custo diminui para os operadores do sistema.

O capitalismo, por ser a forma econômica do patriarcado, faz parte das condições de opressão e é em seu cerne que o feminismo surge como insurreição e revolta, como insubordinação e luta. Capitalismo quer dizer dominação e violência, exploração, opressão, mas também sedução. A sedução capitalista se faz como adulação. Há todo um processo de persuasão organizado entre instituições coniventes para convencer mulheres de que esse é o melhor dos mundos e assim sujeitar seus corpos.

Ora, de diversos pontos de vista, o trabalho é o oposto do prazer, mas o prazer no mundo patriarcal-capitalista sempre depende do trabalho. No caso, do trabalho dos outros — o trabalho escravo — e, sobretudo, das outras. A história das mulheres é a história das formas de sua escravização, amenizada para aquelas que aceitassem uma escravização "voluntária".

Precisamos refletir, portanto, sobre o tema do trabalho enquanto um verdadeiro problema de sexo e gênero. Não temos muito apoio no tempo histórico da filosofia europeia para falar disso, pois raramente filósofos e pensadores homens se preocuparam em entender as mulheres, e muito menos o lugar do trabalho nas relações entre homens e mulheres e suas consequências para a vida das mulheres. Foram as mulheres, sobretudo as feministas, na produção de uma consciência da condição feminina, que conseguiram transformar em tema de análise o trabalho das mulheres e a acumulação primitiva do capital sobre seus corpos.[1]

É mais do que curioso analisar onde, como e quando as mulheres trabalham. Desde que nasce, não é um exagero dizer, a menina está condenada a um tipo de trabalho que se parece muito com a servidão, que, em tudo, é diferente do trabalho remunerado ou do trabalho que se pode escolher dependendo da classe social à qual se pertence. Em muitos contextos, lugares, países e culturas, meninas e jovens, adultas e idosas trabalharão para seu pai, para os irmãos, para os maridos e para os filhos. Seja em que lugar for, meninas, desde muito cedo, devem servir. Serão, apenas por serem mulheres, condenadas ao trabalho braçal dentro de casa, a serviço de outros que não trabalham como elas.

Mesmo quando tiver um emprego fora de casa, a maior parte das mulheres trabalhará mais do que os homens, que, de um modo geral, não fazem o serviço da casa. No campo, na cidade, nos mais diversos países, meninas e mulheres, jovens e idosas trabalham o tempo todo. Inclusive sexualmente.

---

1. Silvia Federici, *Calibã e a bruxa*, São Paulo, Elefante, 2017.

As mulheres, seja onde for, acumularão o trabalho remunerado que eventualmente possam ter com o serviço não remunerado que necessariamente terão em suas casas. Terceiras e, até mesmo, quartas jornadas de trabalho doméstico incessante em países com direitos trabalhistas precarizados farão parte da vida de mulheres.

Um trabalho incessante e não remunerado fará das mulheres escravas do lar com pouco ou nenhum tempo para dedicar a outras atividades que lhes permitam desenvolver aspectos importantes de suas próprias vidas. Todas deverão acreditar que isso é natural. A sociedade naturaliza o trabalho das mulheres, muita gente de fato acredita que uma menina, ao nascer, tem uma espécie de potência codificada em seu próprio DNA, uma espécie de predisposição natural para servir. O fundamento da servidão feminina é uma certa ideia de natureza sobre a qual falaremos ao longo deste livro.

Falo sobre essa servidão generalizada das mulheres sem esquecer a escravidão emocional e psicológica por elas vivida, o que, a meu ver, resulta também dessa escravidão naturalizada em relação ao trabalho. Ser mulher é um trabalho que dá trabalho.

Somos todas trabalhadoras | **31**

E as feministas são aquelas que denunciam isso com sua crítica. Por isso, incomodam tanto.

Estamos diante da divisão do trabalho baseada na ideia da diferença sexual. Segundo essa teoria, homens deveriam trabalhar na esfera pública, mulheres, na esfera privada. Há ações e comportamentos derivados e esperados desse tipo de organização. Aos poucos falaremos mais sobre isso. Mas, para seguirmos, é preciso entender que a divisão sexual do trabalho implica também a subjugação pelo trabalho sexual, o que nos obriga a perguntar se todo trabalho não seria desde sempre um trabalho sexual. E, ultrapassando moralismos capitalistas, se o trabalho sexual não seria um trabalho igual a qualquer outro.

Ora, o trabalho sexual propriamente dito, aquele que chamávamos antigamente de prostituição, faz parte da subjugação e da escravidão das mulheres. O próprio sexo entra nesse sistema de trabalho, como obrigação para muitas mulheres, mesmo quando não são formalmente "putas", como hoje em dia, as trabalhadoras do sexo referem-se a si mesmas em um processo de ressignificação de heteromarcações, como vamos ver aqui.

As mulheres que lutam para transformar o trabalho sexual em um trabalho legal nada mais fazem do que libertar a atividade sexual servil de seu contexto escravizado. O que elas conseguem é também apontar para o elemento "sexo" usado no sistema de subjugação do trabalho em geral.

Quem estiver atento é capaz de perceber que a hipocrisia social se ressente diante da necessidade de legalização do trabalho sexual, enquanto a misoginia e o preconceito de classe aplicado às trabalhadoras do sexo não têm fim. Esse é um assunto controverso mesmo para as feministas, pois elas pensam de modos muito diversos sobre esse tema. Surgem problemas quando a questão sexual em abstrato é colocada na frente da questão de classe, enquanto me parece que seria melhor colocar uma ao lado da outra para que se possa comparar melhor e perceber a correspondência dos temas. Talvez não possamos chegar a um consenso sobre isso. Como não se chega a um consenso sobre o aborto, ele permanece um tabu em sociedades que controlam os corpos das mulheres através da reprodutibilidade patriarcal. O patriarcado é um sistema de subjugação dos corpos pelo sexo e também pela gravidez. A lógica do estupro, que é o núcleo íntimo e o gesto fundamental do patriarcado, visa a atacar um corpo plantando nele uma semente, uma doença, uma marca inapagável. No Brasil, grupos de fundamentalistas religiosos que agem como seitas têm defendido a ilegalidade do aborto mesmo para mulheres e meninas estupradas. No nosso país, o aborto é legalizado nesses casos, quando há perigo de vida para a mãe e em caso de estupro. Mas os fundamentalistas fazem uma verdadeira guerra criando ficções autoritárias, ou delírios machistas, como o "estatuto do nascituro" que seria basicamente o direito do embrião contra o direito da mulher que o porta. Esse é um assunto polêmico, pois, quando se trata de abortamento, entram em cena dogmas religiosos e falácias diversas que comprometem análises coerentes e responsáveis em termos de direitos. As feministas também se tornam incômodas nessas horas, porque denunciam isso e defendem a legalização do aborto, contra aqueles que defendem a sua ilegalidade e consequências funestas, como a inevitável mortalidade de mulheres vítimas de complicações devido a procedimentos ilegais em condições inseguras. Evidentemente, tudo isso tem a ver com a subjugação sexual, sendo a capacidade de engravidar instrumentalizada para os fins do sistema. Não esqueçamos que a reprodução é um

34 | Feminismo em comum

trabalho no contexto do patriarcado e do capitalismo. Somos todas trabalhadoras, em todos os sentidos, todo o tempo.

Por ora, no cenário das violências de um sistema em guerra contra as mulheres, em guerra contra seu sexo, contra seu útero, sua vida como um todo e seu gênero, busquemos refletir sobre a vida das mulheres como trabalhadoras que recebem menos do que os homens pelo mesmo tipo de trabalho, o que constitui uma das mais especializadas injustiças que as pessoas heterodenominadas ou identificadas como mulheres sofrem em escala global.

Vou aproveitar para contar uma história que pode nos ajudar a pensar nessa questão do trabalho das mulheres. Há alguns anos, recebi um convite para conversar com mulheres em uma usina de reciclagem de dejetos em Porto Alegre, cidade no sul do Brasil. O convite veio de um padre que ajudava na organização de uma cooperativa de catadores. Quando cheguei, ele estava presente. As mulheres queriam falar sobre o modo como o trabalho estava organizado entre elas e os homens. Contaram que recebiam por hora trabalhada. Que o trabalho estava dividido da seguinte forma: as mulheres ficavam na triagem dos materiais, que eram expostos em mesas para serem analisados, e os homens ficavam com a incumbência de carregar os fardos de material para serem analisado por elas.

No entanto, elas perceberam um aspecto complexo que interferia no sentido dessa divisão do trabalho tal como estava colocada. Segundo elas, quando se aproximava a hora do almoço, o momento em que todos fariam uma pausa, os homens começavam a se reunir para conversar, interrompendo o trabalho cerca de meia hora antes do horário combinado. Nesse momento, as mulheres continuavam a trabalhar e, para não prejudicarem a produtividade, elas mesmas carregavam os sacos com o material enquanto os homens descansavam. Para elas, era evidente que os homens se aproveitavam da situação para trabalhar menos. Eles não perderiam a remuneração, mesmo porque elas estavam a fazer o trabalho deles. Tornou-se claro, contudo, que as mulheres podiam fazer o serviço dos homens, ou seja, a divisão do trabalho baseada em sexo e gênero não fazia sentido. Segundo elas, mesmo tendo conversado sobre essa astúcia masculina com os próprios homens, eles não mudaram seu comportamento.

Na verdade, o convite para que eu estivesse presente ali revelava um pedido de ajuda. Elas queriam conversar, queriam se fazer ouvir. A minha impressão foi de que elas não eram escutadas em seu questionamento. A minha presença servia para ajudá-las a compreender o que estava em jogo, mas também para que o padre, que tudo organizava, as escutasse. O padre, cheio de boas intenções, me explicou que havia ajudado a organizar o trabalho e que partira do pressuposto de que as mulheres eram capazes de trabalhar melhor com os detalhes, enquanto os homens podiam fazer a parte mais pesada do trabalho. Sua compreensão estava embasada em uma visão naturalista e essencialista das potencialidades de homens e mulheres. O fato de que as mulheres fossem capazes de realizar o trabalho destinado aos homens tornava a explicação do padre sem sentido.

Aproveitei para perguntar por que ele achava que a triagem não era pesada, mas ele não soube responder. Perguntei a elas se queriam também carregar os fardos de material reciclável. Contudo, elas queriam apenas justiça no trabalho que realizavam em conjunto. Me perguntei sobre a situação que elas poderiam viver em suas casas, mas não tive coragem de perguntar a elas, temendo que a resposta sobre uma injustiça geral — e talvez até mesmo violência — nos deixasse a todas ainda mais deprimidas com o que estávamos enfrentando.

Elas não estavam questionando o trabalho a ser feito, no sentido de desejarem descansar mais como os homens faziam. Ao contrário, demonstravam-se aguerridas com as tarefas. Queriam algo mais do trabalho que realizavam. Elas queriam justiça de gênero. Para elas, era simples: se os homens trabalhassem menos, tinham que receber menos; se elas trabalhassem mais, queriam receber mais. Não se reconheciam como o "sexo frágil" que o padre tinha — ingenuamente ou não, mas com a dose de machismo estrutural que faz parte da condição masculina — usado para marcá-las. Objetivamente, não eram fracas, por isso não se viam como submissas. Tinham plena consciência da contradição na prática, mas a sua própria fala e os argumentos delas não estavam tendo efeito diante da falta de escuta do padre. O machismo estava ali como uma verdade previamente aprovada por todos, e de nada adiantava o questionamento delas.

Naquele momento, a injustiça profissional, em que as trabalhadoras se encontravam pelo simples fato de serem mulheres, era notória. Negava-se a elas a equiparação de tempo e a remuneração pelo trabalho no enlace vil entre cultura e instituição, que garante a ordem masculina de privilégios. O machismo ali mostrou todo o seu cinismo estrutural amparado em séculos e séculos de opressão. Não poderia mostrar outra coisa, afinal, talvez essa seja a sua principal dimensão.

Não sei como a história acabou. Espero, contudo, que elas tenham conseguido aquilo que quase nenhuma mulher consegue: assegurar direitos básicos iguais aos dos homens. Enquanto isso, pelo mundo afora, nos mais diversos contextos, as mulheres são convencidas, por meio de uma combinação perversa entre violência e sedução, de que a família e o amor valem mais do que tudo, quando, na verdade, o amor como uma devoção à família serve para amenizar a escravização, que, desmontada, faria bem a todos, exceto àqueles que realmente preferem uma sociedade injusta porque se valem covardemente de seus privilégios.

De fato, podemos dizer que há uma verdadeira ideologia do amor de devoção à família à qual as mulheres devem aderir. Sempre achei curioso quando, no colégio, as professoras nos ensinavam a dizer "rainha do lar" para elogiarmos as mulheres no Dia das Mães. Vendo como minha mãe vivia e como se queixava do trabalho em casa e fora dela, percebendo que ela não recebia tratamento nenhum de "rainha", mas, ao contrário, vivia nas piores condições cuidando de cinco filhos, eu me perguntava por que estavam tentando nos convencer de uma ideia como aquela. De fato, aquela ideia deveria valer como universal, mas na concreta vida cotidiana tudo era bem diferente. Minha mãe estava mais para escrava do que para rainha. Eu não sabia dizer isso naquela época. Mas a contradição entre o que era dito na escola e o que eu via em casa era viva, até porque no meu mundo familiar não havia qualquer tipo de elogio às mulheres.

Tive a sorte de viver em uma casa em que a violência física contra as mulheres inexistia. Minha mãe não era uma mulher espancada por meu pai, o que digo com certo alívio, pensando nas mulheres que sofrem com esse tipo específico de violência física pelo mundo afora. No entanto, uma violência mais básica, aquela que se sedimenta e impede transformações e a mais ínfima emancipação, estava lá. Era a violência estrutural e simbólica. A violência da desigualdade social que impõe aos não privi-

40 | Feminismo em comum

legiados pobreza e muito trabalho. Por isso, nossa mãe nos mandava à escola, com o objetivo de que não ficássemos na mesma situação que ela e nosso próprio pai, pessoas que não haviam estudado. Mas havia mais que isso. Mesmo sem dizer-se feminista, ela sabia, como as feministas de todos os tempos sabem, que as mulheres precisam estudar. Que o direito à educação é fundamental para qualquer pessoa e também para as mulheres. E que só esse direito — que leva ao direito do conhecimento e da crítica transformadora — pode nos livrar do sistema de violência física e simbólica que pesa sobre quem é marcada como mulher.

Ainda na infância, quando, ao ir para a escola, eu passava em frente à casa da minha professora e a via limpando o local onde morava, a criança que eu era estranhava que fosse possível que a própria professora conseguisse estar na escola conosco e também fazer o serviço de casa, como minha mãe e outras mulheres que não eram professoras na escola. A jornada dupla de trabalho entre a escola e a casa estava ali, exposta aos meus olhos de menina. Se minha mãe sofria com a casa e as lides rurais, como deveria sofrer a professora que, além de tudo, passava um bom tempo na escola conosco? Nada me parecia natural ao observar a vida das mulheres.

Fui percebendo essas questões desde bem cedo, mas demorei a me solidarizar com elas. No começo, experimentamos o puro espanto até que se consiga elaborar o que se viu. Além de tudo, antes de eu ter consciência sobre a minha consciência, ou seja, de descobrir a consciência feminista, eu mesma tinha que fugir. Durante muito tempo tive vergonha da condição feminina e preferi agir como se fosse um homem, ou pelo menos, sem tornar a diferença de gênero um parâmetro para mim. Na verdade, me parecia que estar no mundo dos homens seria menos penoso e bem cedo eu me identifiquei com eles.

Ao aceitar que estava a perceber contradições, eu me tornei feminista. Só depois de perceber que a condição feminina não precisava ser a da subjugação é que eu me reconciliei com o signo "mulher". Devo isso ao feminismo. Mesmo assim, hoje em dia, eu falo que sou mulher apenas em nome da luta feminista. Constantemente, digo que sou feminista e que isso vem antes de eu ser mulher. Que o feminismo é o meu sexo e o meu gênero. Em termos simples, assumir "ser mulher" é, para mim, assumir um signo construído no patriarcado que eu, a partir do meu ativismo feminista, posso também ressignificar.

Não posso ressignificar o termo "mulher" sozinha, tampouco posso esquecer as outras tentativas de ressignificação. Se aquelas que chamamos de mulheres representam um "outro" que é marcado pelo sexo e pelo gênero (que são basicamente a mesma coisa, no sentido de serem marcadores de opressão usados para definir e marcar seres como "mulheres"), de um modo que os homens nunca foram, fica claro que assumir o signo mulher sem consciência do que ele significa é um perigo para as mulheres e para o feminismo. O mesmo vale para as pessoas marcadas com os signos da homossexualidade. O feminismo implica a consciência desse perigo. Ele ajuda as pessoas a assumirem as identidades que fazem sentido em suas vidas e que não devem ser vividas como dívidas. É por isso que podemos tranquilamente desconstruir os gêneros impostos aos nossos corpos. Ninguém tem a obrigação de obedecer às imposições patriarcais no eterno trabalho de servir a uma ideologia.

Nesse sentido, surge a diferença entre personalidades autoritárias e não autoritárias (ou demo-

Somos todas trabalhadoras | **43**

cráticas) que, no dia a dia, aceitam o modo como o outro se autocompreende. Falo isso pensando que é direito de cada um inventar-se no que concerne a sexo e gênero. A questão da identidade tem tudo a ver com isso. No contexto do patriarcado, a identidade é um parâmetro heteroconstruído; no feminismo, a identidade é um elemento da construção de si que passa necessariamente pelo autorreconhecimento de cada um acerca de si mesmo. As mulheres trans, nesse sentido, têm todo o direito de se dizerem mulheres, do mesmo modo que qualquer pessoa que se identifique com esse signo. Não querer se autoafirmar como mulher também é um direito a ser sustentado pelo feminismo. Se quero me autodefinir como lésbica e não como mulher, se quero me definir como gênero fluido e não como mulher ou homem ou homossexual, não há argumento válido que possa sustentar que é proibido.

O feminismo nos ajuda a melhorar o modo como vemos o outro.

O direito de ser quem se é, de expressar livremente a forma de estar e de aparecer e, sobretudo, de se autocompreender são lugares aonde o feminismo nos leva. A postura autocrítica que o feminismo nos pede é necessária a toda crítica honesta e ela depende dessa mudança do olhar que, por sua vez, depende de nossa capacidade de prestar atenção ao que somos e ao que nos tornamos dentro de um contexto no qual sempre somos previamente "identificadas". Essa capacidade de refletir não é natural, é construída em processos de aprendizagem que envolvem a nossa própria construção como pessoas, ou seja, que envolve nossos processos de subjetivação.

Em outros momentos, falei sobre a importância da atenção para o pensamento. É preciso renovar essa colocação, inscrevendo-a no contexto de uma filosofia capaz de transformar o mundo. Penso que o feminismo pode ser uma lente poderosa nesse processo.

4. AUTOCRÍTICA: O FEMINISMO PARA ALÉM DO MEDO E DA MODA

A partir da relação entre os marcadores de opressão, podemos entender por que tantas mulheres (e não mulheres) se afirmam hoje como feministas e por que o feminismo cresce sustentado em discursos e práticas de várias gerações. As mulheres e todas as pessoas oprimidas desejam libertar-se de grilhões. O feminismo está aí para ajudar as pessoas a se perguntarem sobre os jogos de poder que pesam sobre seus corpos e vidas. Nessa linha, algumas perguntas podem nos ajudar a pensar mais sobre isso. Por que certo feminismo entra na moda e é tão aceito pelo capitalismo? Por que outro feminismo provoca medo e é rejeitado pelo capitalismo? É possível existir um feminismo dócil e adequado? De onde vem o desejo de feminismo que vemos se manifestar no todo da vida cotidiana e na vida virtual a questionar famílias, escolas, igrejas, a justiça, o mercado, o governo e o Estado? São muitas perguntas e existem múltiplas construções feministas organizadas em um gigantesco diálogo para elaborar dúvidas e perturbar certezas patriarcais.

Enquanto nos deparamos com perguntas feministas, perguntamo-nos também sobre o próprio feminismo. Eu sugiro que aprofundemos a nossa análise sobre o feminismo começando por uma autocrítica. Seria interessante analisar a nossa adesão ou a nossa rejeição imediata a algo que nos chama nesse momento a uma posição. O que é o feminismo para cada uma de nós? Quem se sente convocada por ele? O que desejamos do feminismo? Por que o amamos, por que o odiamos? Podemos confiar em algo como o feminismo quando pensamos em transformar o mundo?

A partir daí, é necessário que nos esforcemos por entender a sociedade na qual o feminismo surge como uma demanda real. Há um desejo concreto de feminismo entre nós que entra em colisão com o modo de ser do mundo que conhecemos. Ora, mas realmente precisamos do feminismo para mudar este mundo? Esta é uma pergunta cruel para quem acredita no feminismo — tanto quanto é cruel perguntar a um crente se ele precisa de Deus. E, no entanto, se somos feministas, devemos nos colocar essa pergunta, pois o feminismo não é uma crença e não há deuses no seu processo de luta.

Questionar os ideais nos quais acreditamos, ao contrário do que imaginamos, serve para nos situar no mundo. No entanto, perguntar se praticamos o feminismo como uma crença, ou se ele é um instrumento de transformação da sociedade, muda tudo. Assim como devemos nos perguntar se precisamos do feminismo, aqueles que acreditam no patriarcado também deveriam se perguntar se precisam do feminismo. Acabo de fazer uma pergunta retórica, pois, de modo geral, o patriarcado é um sistema dogmático de crenças, não um ideal, e é incapaz de autocrítica. Justamente por isso, os agentes do patriarcado não se questionam sobre si mesmos. Enquanto sistema, o patriarcado é tomado por muita gente como o que há de mais natural.

Os agentes do mundo patriarcal geralmente não conseguem fazer perguntas sobre a pertinência ou

48 | Feminismo em comum

impertinência de seu sistema. E, por isso, as feministas, que são as agentes do feminismo, precisam fazer perguntas concernentes ao patriarcado. Acontece que o questionamento feminista acaba por mostrar as misérias do patriarcado.

Pode parecer estranho para quem tem uma convicção radical sobre a importância do feminismo, como eu mesma tenho, mas certamente devemos insistir nesta pergunta: temos realmente necessidade do feminismo? Essa pergunta nos protege do mal do patriarcado, que é a falta de autocrítica. Do mesmo modo, devemos nos perguntar se temos necessidade do patriarcado e dos efeitos que ele provoca em nossas vidas. O feminismo não deve ser um simples substituto do patriarcado. Só assim o feminismo poderá ser a sua crítica e a desconstrução do patriarcado, enquanto se fizer como crítica do patriarcado e como autocrítica interna para não se colocar como seu substituto. Esse é o grande medo de muita gente, que o feminismo seja um machismo invertido. Mesmo homens socialistas são machistas porque também têm medo que o feminismo os retire do poder. Por isso, o mundo dos homens, sejam eles de esquerda, sejam eles de direita, tende a ser antipático ao feminismo. Só os homens muito livres e corajosos não temem perder seu lugar de privilégios diante da luta das mulheres.

O que chamamos de patriarcado é um sistema profundamente enraizado na cultura e nas instituições. É esse sistema que o feminismo busca desconstruir. O patriarcado tem uma estrutura de crença firmada em uma verdade absoluta, uma verdade que não tem nada de "verdadeiro", que se apresenta como se não houvesse alternativa. O patriarcado é um conjunto de discursos, eventos e rituais. Em sua base está a ideia sempre repetida de haver uma identidade natural, dois sexos considerados "normais", por oposição a sexualidades "malditas", negadas ou ocultadas, além disso, sustenta-se uma diferença entre os gêneros pela qual se espera manter certa ideia de superioridade masculina, de inferioridade das mulheres e outros pensamentos que podem soar bem limitados, mas que ainda são seguidos por muita gente.

Já a necessária autocrítica do feminismo é o que o salva dos modismos. O feminismo também corre o risco de ser capturado pelo patriarcado e virar uma mercadoria capitalista menos perturbadora.

Os sistemas de opressão criam saídas para se livrar daquilo que os perturba, seja pela violência, seja pela sedução, seja pela "inclusão". O feminismo está na boca de certas mulheres como um flatus vocis. Ou seja, como uma fala vazia. Acontece que as falas vazias domesticam impulsos críticos e desconstrutivos.

O feminismo organiza um impulso que é perigoso para a manutenção da ordem dada como natural. Em termos simples, o feminismo é uma utopia (ou uma heterotopia) contra a distopia patriarcal, esse mundo de violência alucinada. Por isso, capitalistas constantemente se apropriam do feminismo, tentam capturá-lo e transformá-lo em mercadoria. Eis o porquê da onda do que parece ser um feminismo neoliberal atualmente. É uma aberração política que trata um impulso desconstrutivo como se estivesse trabalhando a favor do que pretende desmontar. Na impossibilidade de fazer dele algo palatável ao mercado, o feminismo crítico e radical é transformado por seus detratores em uma espécie de excrescência inútil. O feminismo passa às vistas de uma artilharia misógina. Nenhuma novidade. Sabemos que o sistema econômico e político de nossa época, ao qual damos o nome de capitalismo, precisa transformar em excrescência e inutilidade tudo aquilo que o ameaça. É o medo do potencial transformador do feminismo que entra em cena. A moda, contudo, que esvazia o feminismo a serviço do neoliberalismo, é tão ruim quanto as reações patriarcais ao medo que se tem do feminismo e das feministas.

Proponho que levemos o feminismo muito a sério, para além das modas que fazem com que se pareça uma festa passageira, uma simples onda, e que seu impulso e sua potência desconstrutiva radical sejam capazes de melhorar nosso modo de ver e de inventar a vida à luz dessa utopia inventada por todas as mulheres sob a consciência do que significa ser mulher em uma sociedade patriarcal.

5. SEXO E GÊNERO

De fato, não podemos reduzir o feminismo à discussão sobre sexo e gênero sem uma ligação direta com a questão das classes sociais — também a da raça e, acrescento eu, a da plasticidade, na qual se inserem as questões das chamadas "deficiências", das aparências e da idade, que afetam várias minorias e que, desde sempre, afetaram profundamente a vida das mulheres, tratadas como objetos. Do mesmo modo, todas as lutas que envolvem os marcadores de opressão, quando não estão atentas ao problema de gênero que reproduz um sistema conservador, não conseguem avançar na transformação social.

Não é à toa que o tema "gênero" esteja causando tanto desentendimento, e até mesmo surtos morais e políticos fundamentalistas e autoritários em certos

54 | Feminismo em comum

grupos sociais. Há tempos, "sexo" e "gênero" são termos usados para analisar opressões. Gênero é usado para analisar os chamados papéis "masculino" e "feminino" que se tornaram hegemônicos, ou seja, dominantes nas sociedades. Gênero é um termo que ficou muito conhecido a partir dos anos 1970,[2] quando passou a ser usado como categoria de análise.

Enquanto categoria crítica e desconstrutiva, o termo foi apagado pela ideologia patriarcal que passou a demonizar "gênero" justamente por perceber o seu alcance teórico e prático. Hoje, muitos usam essa palavra em um sentido perversamente distorcido. Gênero diz respeito a um modo de ser que envolve os conceitos de homem e mulher, masculino e feminino, e se refere em muitos aspectos à "aparência" como reguladora do sentido do termo. Gênero é como uma pessoa deve aparecer e agir. Ou seja, há um regime estético do gênero, profundamente ligado a regras de comportamento, ou seja, uma moral esperada de seus portadores. Somos controlados social e domesticamente desde que fomos "generificados",

---

2. Principalmente, a partir do texto de Joan Wallach Scott, "Gênero: uma categoria útil de análise histórica", *Educação e Realidade* 20, n. 2, jul.-dez. 1995, pp. 71-99.

como afirma Judith Butler.[3] Isso quer dizer que somos construídos na cultura e que nossa sexualidade é altamente plástica como é a nossa alimentação, a nossa corporeidade, a nossa espiritualidade, a nossa imagem, a nossa linguagem.

Entre obedecer a um gênero e usá-lo como categoria de análise há um abismo. É claro que a sociedade patriarcal só vê problema no segundo caso.

As feministas e os estudiosos de diversas áreas ligadas ao tema de gênero têm sido acusados, em uma inversão de sentido, como sendo "ideólogos de gênero". Falam em "ideologia de gênero", por exemplo, embora o termo "gênero" tenha sido o elemento usado justamente para desmascarar a ideologia de gênero que é o patriarcado. Conservadores fundamentalistas precisam atacar "gênero" e, a partir desse ataque ao seu elemento crítico, fundar a falácia da chamada "ideologia de gênero" que tem convencido as massas fundamentalistas com objetivos políticos. A guerra patriarcal contra o gênero age contra as feministas, as ciências humanas e exatas, as artes e,

---

3. Judith Butler, *Problemas de gênero: feminismo e subversão da identidade*, Rio de Janeiro, Civilização Brasileira, 2003.

no limite, contra a democracia. Essa guerra é uma autodefesa do patriarcado. No Brasil, o discurso sobre "ideologia de gênero" tem função política eleitoral e pretende colocar mais e mais machistas fundamentalistas nos cargos de decisão promovendo o fim de políticas públicas para mulheres.

Gênero é, em certo sentido, a mesma coisa que sexo sempre foi. É um "papel", uma espécie de dever estético e moral, uma regra ou ordem a ser obedecida. Assim como a ideia de papel relativa a gênero é uma criação histórico-antropológica, o sexo também é uma criação histórica como vimos desde Foucault.[4] Não há sexo sem teorias sobre o sexo, não há um sexo natural, porque a própria ideia de sexo e de natureza já foi construída epistemologicamente em jogos de poder que envolvem a linguagem e a produção de teorias — que dela dependem. As teorias sobre a sexualidade sempre foram marcadas pelos interesses ideológicos do patriarcado. As teorias sexuais para explicar o mundo humano e animal datam pelo menos da filosofia de Aristóteles há mais de dois mil anos.

---

4. Michel Foucault, *História da sexualidade*, Rio de Janeiro, Paz e Terra, 2014.

Aqueles que falam de modo distorcido em "ideologia de gênero", se fossem minimamente honestos, poderiam falar em "ideologia de sexo". Falar sobre gênero hoje é urgente para libertar essa categoria de análise da demonização na qual ela foi colocada pela máquina-da-fé, ela mesma uma máquina diabólica, manobrada por conservadores misóginos e epistemologicamente perversos, que inclusive manipulam a fé das pessoas, como é o caso das igrejas de mercado e dos pastores que tomam os cargos de decisão e poder nos mais diversos âmbitos da política no Brasil. A estratégia da demonização é antiga, já os padres da igreja demonizavam o sexo[5] antes de demonizar o gênero.

Em termos bem simples, estamos diante de pessoas que usam termos sérios e que devem sempre levar ao avanço da pesquisa e do debate, de um modo populista e com fins de manutenção do poder justamente sobre os corpos para que eles não saiam dos padrões impostos pelo sistema de privilégios e servidão. Ora, a violência epistemológica se faz de

---

5. Uta Ranke-Heinemann, *Eunucos pelo reino de Deus: mulheres, sexualidade e a Igreja Católica*, Rio de Janeiro, Rosa dos Tempos, 1996.

diversas formas. Todo autoritarismo tem sua episteme, palavras e termos que são manipulados para os fins da dominação.

Em países como o Brasil, vemos o funcionamento da má-fé armada contra as pesquisas (veja-se o caso do controle religioso da pesquisa com células-tronco ou mesmo contra as pesquisas que dariam base à legalização do aborto). A atuação dos religiosos fundamentalistas com suas igrejas de mercado é de uma total "má-fé".

Os padres e pastores fundamentalistas constroem teorias como os filósofos machistas sempre fizeram, talvez menos elegantes do ponto de vista de sua elaboração conceitual e linguística. Ora, construir teorias não é algo sempre científico, há teorias populares com alto impacto mistificatório (o terraplanismo é um bom exemplo, hoje). Os pensamentos fundamentalistas pretendem ser explicativos do mundo, embora não passem de enganações que causam efeito de explicação e, logo, de poder, justamente por não admitirem dúvida. O que estou chamando de "má-fé" dos padres e pastores fundamentalistas é a própria má-fé do patriarcado, ele mesmo um sistema desonesto que só pode ser escrutinado pela lupa do pensamento reflexivo e crítico que é o feminismo.

É evidente que é importante continuar usando palavras tais como "gênero". O uso das palavras é político. Sexo é uma palavra que parece ter ficado desgastada depois que se estabeleceu a palavra gênero como parâmetro da análise e da crítica. A crítica consistente e a pesquisa séria não podem ser desvirtuadas pela exploração da fé das pessoas, da crença e da capacidade de pensamento que oportunistas fundamentalistas querem sequestrar. Nesse sentido, o feminismo tem também um papel importante, o de se preocupar com as palavras por meio das quais as pessoas sempre foram controladas, cerceadas e dominadas.

6. O FEMINISMO É O CONTRÁRIO DA SOLIDÃO

Tenho a impressão de que, de algum modo, devemos nosso feminismo a nossas mães e avós mesmo quando elas não se diziam, e realmente talvez não fossem, feministas. Junto a elas, estamos inscritas como mulheres — ou como pessoas em geral que se afirmam como feministas — em uma história que não começa nem termina em nossa mera vida individual, aqui e agora. Essas mulheres, nossas ancestrais, fazem parte de nossa biografia. Em nome de nossas antepassadas, biológicas ou não, nos tornamos feministas. Entram no espectro dessas considerações tanto a consciência das mulheres que foram duramente oprimidas, mas também das heroínas que, no passado, foram lutadoras inco-

62 | Feminismo em comum

muns, pessoas que se tornaram exemplos, mulheres a quem devemos o nosso lugar.

Estamos unidas às feministas do passado e, do mesmo modo, às do futuro. A filósofa medieval Christine de Pizan,[6] já no século XV, falava para as mulheres do futuro, imaginando um mundo melhor para elas, que sempre foram vítimas de preconceito e misoginia. É ela que nos faz pensar que o feminismo é, há muito tempo, uma utopia.

Nosso feminismo não nasce em nós, foi herdado e transformado para fazer frente a um sistema de injustiças ao qual ele se opõe enquanto luta. Esse sistema se alicerça como razão patriarcal, e a utopia, a ideia de que um outro mundo — melhor — é possível, atrapalha a sua lógica. A utopia feminista fala de um outro mundo possível, em que ser mulher não significa ser o destinatário de todo tipo de violência. Não devemos negligenciar que, no patriarcado, o destino das mulheres é a violência. Penso agora nas mulheres cuja vida não foi nada fácil. Minha mãe é um exemplo. Só percebi que a sua condição estava

---

6. Christine de Pizan, *La cité des dames* [A cidade das damas], Paris, Stock, 1986.

O feminismo é o contrário da solidão | **63**

ligada ao fato de ela ser mulher depois de eu já ter crescido e também ter me tornado, de algum modo, uma mulher. Minha mãe sempre se queixou do excesso de trabalho em casa, sem ajuda de ninguém. Sempre comentou como não tinha tempo para si. De fato, ela não pôde produzir um projeto de vida para si mesma, pois esteve devotada ao trabalho de criar uma família, em diversos aspectos da vida, submetida à precariedade. Creio que seja por isso que minha mãe nunca nos incentivou a casar e a ter filhos. Irritada e muitas vezes mal-humorada, ela tinha fama de brava — e era mesmo. Não tinha como ser mais alegre, como ser mais simpática. Estava sempre sobrecarregada de trabalho. Vejo-a como uma sobrevivente em um mundo absurdamente ruim. Talvez hoje ela não concorde comigo. Ao ler este livro, talvez pense: "Que exagero!" Como uma pessoa que assumiu o lugar de mãe à moda antiga, ela evitará sempre o ressentimento e o arrependimento e certamente assumirá a responsabilidade pela vida que teve, mesmo que não a tenha exatamente escolhido.

Ora, quando e como escolhemos nossa vida? Essa é uma questão que também não devemos perder de vista. Lembro de meu pai lavar a louça para "ajudar" minha mãe. E lembro dele a reclamar do cheiro das roupas lavadas sem perfume, como se, na realidade em que ela vivia, no trabalho da casa e no trabalho braçal daquele ambiente inicialmente rural onde vivia, ainda tivesse espaço para futilidades desse tipo. Apesar disso, minha mãe, que pariu cinco filhos, três deles em casa, nas piores condições, me deixou a impressão de que a vida é um milagre e que não é justo não querê-la bem.

Quando falo de minha mãe, é evidente que estou falando de meu ponto de vista. Todo olhar é limitado. Não estou falando da mãe que meus irmãos veem com seus próprios olhos. Não falo da "mulher" de meu pai, pois ele sempre foi bem mais o marido da minha mãe. Não falo da tia, da amiga, nem da mulher cidadã. Estou falando da condição de muitas mães que sofreram como a minha em muitos casamentos sem sentido, criando filhos por acaso, nem sempre — ou raramente — por projeto ou desejo, e enfeitando esse acaso com a esperança que resta aos humilhados. É assim que vejo com meus olhos críticos e, por dever, evidentemente abertos à discussão. Enquanto escrevo, a todo momento cometo um ato falho que corrijo em seguida. Escrevo "irmã" no lugar de mãe. Escrevo, reescrevo e apago. Contudo, há uma verdade nesse erro que não devemos jogar fora. O feminismo nos ajuda a ver que somos todas irmãs umas das outras e que essa posição horizontal está no âmago da vida das mulheres. É o contrário do que acontece entre homens e mulheres, sempre afundados em uma relação vertical, em que a mulher ocupa o posto inferior no qual ela é colocada por mil arranjos simbólicos. Toda a ideia de violência que afeta a vida das mulheres tem a ver com esse lugar.

Penso agora em uma de minhas tias mais queridas, a irmã mais velha de minha mãe. Quando eu e meus irmãos éramos mais jovens e reclamávamos de nosso pai por qualquer motivo, ela nos dizia: "O pai de vocês não é um homem mau, ele não é violento, ele não atrapalha, ele nunca bateu em vocês." Essa tia nunca se casou, porque não viu possibilidade de se envolver com um homem sem associá-lo à ideia de violência. Sua mãe, minha avó, foi uma mulher espancada por seu marido, pai de seus dez filhos, nos grotões do Rio Grande do Sul nos anos 1930 e 1940. Essa história está na base da compreensão de mundo de suas três filhas, bem como o fato de minha avó ter se tornado uma mulher "desquita-

66 | Feminismo em comum

da", o que significava um atestado de indignidade naquela época.

Compensamos nossas avós — e aqui me refiro às nossas ancestrais injustiçadas e maltratadas — com nossa liberdade sexual e de gênero, mas sobretudo com nossa luta, com a nossa liberdade, com a exuberância criativa que nos ajuda a reinventar nossas vidas.

Lembro de minha mãe falando de uma prima sua que havia se tornado puta. Na sua fala, transparecia um curioso respeito por aquela mulher que tinha se dedicado a um tipo de vida para a qual outras mulheres não se sentiriam livres. Na visão de minha mãe, era absolutamente inviável pensar algo de bom sobre sexo. Essa palavra sequer era pronunciada na nossa casa. Mas era claro que havia mulheres que podiam gostar de sexo, que podiam desejá-lo e até trabalhar com ele. Para minha mãe, marcada pela herança de preconceitos religiosos, o sexo era tanto uma coisa abjeta, cuja ausência conferia alguma dignidade a uma mulher, quanto algo sobre o qual era melhor não falar. Cresci pensando na opressão sexual, além das demais opressões, que minha mãe vivia.

Mesmo assim, minha mãe, condenada àquela vida de esposa — e talvez para redimir sua própria mãe violentada —, nunca argumentou por algo como uma superior dignidade das esposas quando comparadas às putas. Minha mãe, que não teve acesso a livros, trabalhava nas piores condições, preocupada em criar os filhos, e sabia que seu mundo era limitado. Tenho certeza, no entanto, de que ela entenderia o argumento de Emma Goldman[7] sobre a indiferença entre putas e esposas, todas submetidas ao patriarcado, umas vendendo o corpo reduzido ao trabalho sexual, outras entregando-se ao trabalho doméstico, reprodutivo e inclusive sexual, em troca de ter o que comer e um lugar para morar. O lugar à sombra dos homens como escravas (in)voluntárias sempre esteve assegurado às mulheres em todos os tempos. O lugar das mulheres sempre foi o de estarem a serviço dos homens e da conservadora ideia de família, uma ideia que serve aos homens. Muitas mulheres se tornaram espíritos aprisionados em ideologias como não deixam de ser a maternidade e a própria sensualidade, assuntos tão difíceis de discutir em uma sociedade patriarcal e, por isso, naturalmente, antidemocrática. Trata-se de

---

7. Emma Goldman, "La prostituición" (1910), *Marxists*, s/d, disponível em <www.marxists.org/espanol/goldman/1910/005.htm>.

68 | Feminismo em comum

ideologias às quais as mulheres são condenadas e, ao mesmo tempo, estranhamente seduzidas. É a contradição da prisão voluntária que só pode ser sustentada sob ideologias e que marca a vida das mulheres.

Não há nada mais absurdo para o patriarcado do que o direito ao corpo. Assim como é importantíssimo que as mulheres sejam donas da própria sexualidade e de todo o seu corpo, elas deveriam ter poder sobre seu corpo reprodutivo. Infelizmente, no momento em que vivemos, as mulheres ainda precisam reivindicar o próprio corpo. O corpo feminino, assim como o corpo marcado como negro e o corpo usado — como o do operário — pelo capitalismo, precisa ser devolvido a si mesmo.

O feminismo nos ensina a lutar pela devolução de nossos corpos a nós mesmas. O feminismo nos ensina a lutar por um mundo em que os corpos e, com eles, a dignidade das pessoas possam ser resgatados. Para mim, esse resgate seria como conseguir hoje um sorriso de minha avó, aquela mulher silenciosa que eu nunca vi sorrir. Dizem que ela amava meu avô, seu espancador. De fato, pouco me importa saber se minha avó amava ou não o meu avô, um homem infeliz deixado com o pai em uma fazenda no interior do Rio Grande do Sul enquanto a mãe se

O feminismo é o contrário da solidão | **69**

mudava para Porto Alegre com as filhas, na década de 1930. Isso pouco me importa... Ele também era uma vítima do patriarcado, que não fornece luzes para que seus agentes possam enxergar mais longe. Talvez meu avô, famoso por sua capacidade de praticar violência, tivesse ódio das mulheres, porque, para começar, tinha ódio da mãe que o deixou ali sozinho, no pior dos mundos. Talvez a sua mãe fosse uma feminista radical que não via chance de ajudar os homens a deixarem de ser machistas. Talvez ela tenha entendido que as mulheres devem fugir do mundo machista dos homens e deixá-los viver entre eles mesmos. Talvez ela não acreditasse que fosse possível que os homens saíssem da miséria espiritual — o machismo é um tipo de estupidez mental e moral que sempre se apresenta como um profundo estreitamento da perspectiva de quem o defende — à qual servem como sacerdotes.

Longe de culpar sua mãe, já que a lógica patriarcal sempre culpa as mulheres pelos erros dos homens — sem assumir que os homens podem ser culpados pelos erros das mulheres —, é fato que ele aprendeu a confundir masculinidade com violência, como muita gente faz até hoje. O meu avô foi criado em um mundo de segregação, em que os sexos e os gêneros não ajudavam uns aos outros com seus saberes. As relações eram de poder e não de apoio para um crescimento mútuo e a construção de uma vida melhor para ambos.

Embora não se possa tirar a responsabilidade de ninguém, a noção de respeito não poderia surgir no contexto em que meu avô vivia. Ora, o patriarcado, como todo regime autoritário, não trata de respeito ao outro. Por isso, faz sentido dizer que todo feminismo se define na capacidade de lutar por um outro desejo; um desejo que nos livre dos sistemas de opressão objetivos e subjetivos aos quais estamos submetidos.

Meu feminismo me faz lembrar e reinterpretar essas pessoas. Respeitar a miséria e a pobreza da experiência vivida de cada um, pois não se trata de culpar as pessoas individualmente. Trata-se de compreender a responsabilidade que cada um tem nos processos sociais e históricos, sem perder de vista as condições sociais e históricas que nos formam e que, inclusive, nos formam como sujeitos do gênero, ou seja, que nos "generificam".

Por isso, posso dizer que o feminismo se torna meu gênero nesse momento, é um nome que dou à minha consciência política e ao corpo-espírito que sou.

7. A NECESSIDADE DO DIÁLOGO E A CATÁSTROFE DA MISOGINIA

Meu avô espancador era, ao mesmo tempo, um sujeito do privilégio patriarcal e sua vítima, um repetidor da violência patriarcal que o reduziu a algo tão abjeto como ser um machista.

Ele era mais um desses sacerdotes da misoginia que vemos por aí em pregação diária de palavras e atos. A misoginia é o discurso de ódio especializado em construir uma imagem visual e verbal das mulheres como seres pertencentes ao campo do negativo. A violência física também é linguagem.

Atos de violência, seja verbal ou física, seja espancamento ou estupro, possuem uma lógica diabólica que transforma em negativo tudo aquilo que se visa a destruir. O que estou chamando de negativo diz respeito ao que está fora do poder. Ou o que deve

72 | Feminismo em comum

ser lançado para fora do poder. Toda a história do patriarcado é a do trabalho em retirar as mulheres do campo do poder, submetendo-as a um lugar de falta de poder, ou seja, um lugar subalterno e secundário.

A misoginia não é um mero discurso, mas um discurso do poder patriarcal. Ela está presente quando se associa as mulheres à loucura, à histeria, à natureza — como se houvesse uma predisposição que conferisse a elas uma inconfiabilidade originária. Essa inconfiabilidade mítica foi criada pelo próprio patriarcado para rebaixar e humilhar, mas também para abalar a relação das mulheres entre si. Se as mulheres confiarem em si mesmas e umas nas outras, o sistema sustentado na diferença hierárquica entre homens e mulheres e na estúpida desconfiança sobre a potência das mulheres pode ruir.

Nesse sentido, podemos dizer que o feminismo é um operador teórico-prático que desmonta o sistema e o poder do patriarcado. O patriarcado é um sistema de poder, um dispositivo geral de opressão. O feminismo é um contradispositivo. Ele é acionado para desativar o dispositivo do poder da dominação masculina patriarcal. Estou chamando de "contradispositivo" o método necessariamente construído na

A necessidade do diálogo e a catástrofe da misoginia | **73**

base de uma teoria e de uma ação capazes de fazer desmontar o dispositivo que o patriarcado é.

O que é um dispositivo? O filósofo francês Michel Foucault definiu o poder como um dispositivo, ou seja, um arranjo. O patriarcado é também uma forma de poder. É como uma engrenagem, um mecanismo feito de ideias prontas inquestionáveis, de certezas naturalizadas, de dogmas e de leis que não podem ser questionadas, de muita violência simbólica e física, de muito sofrimento e culpa administrados por pessoas que têm o interesse básico de manter seus privilégios de gênero, de sexualidade, de raça, de classe, de idade, de plasticidade. O feminismo é o contradispositivo, uma espécie de agulha que fura a bolha patriarcal.

Desmontar a máquina misógina patriarcal é como desativar um programa de pensamento que orienta comportamentos e, assim, formas de vida. O patriarcado é um verdadeiro esquematismo do entendimento, um pensamento pronto, que nos é dado para que pensemos e orientemos a nossa ação de um determinado modo, sempre na direção do favorecimento dos homens brancos e da hetero-normatividade sobre a qual sustentam seu poder.

74 | Feminismo em comum

Aqui, é preciso dizer que o que chamo de "homem branco" é uma imagem, estereótipo ou metáfora do poder, do sujeito do privilégio, da figura autoritária alicerçada no acobertamento das relações que envolvem aspectos tais como gênero e raça, sexo e classe, idade e corporeidade. Uma pessoa que tenha as características do homem branco também pode se desconstruir e se tornar um outro ser para além da violência com que alguém é construído ou se constrói como "homem branco".

Nesse ponto, podemos discutir a complexa questão da presença dos homens nos feminismos. O feminismo tende a fazer bem aos homens que desejam uma vida democraticamente mais ampla e mais aberta, uma visão de mundo expandida, menos tacanha, diferente da que foi legada a ele por seus ancestrais comprometidos com a violência e os poderes envolvidos na destruição da vida. Progressista por vocação, o feminismo é um operador criativo que libera todos das coações patriarcais, desonera as pessoas da dívida de gênero, este mesmo uma coação. O feminismo se inventa e se reinventa cada vez que surge uma nova feminista, cada vez que surge um novo coletivo, cada vez que as feministas produzem o feminismo que

A necessidade do diálogo e a catástrofe da misoginia | **75**

desejam, por meio de teorias e práticas que sempre são, por definição, inadequadas ao patriarcado.

O feminismo não é, nesse sentido, um jogo. Ele é muito mais um ritual sem mística realizado contra um ritual místico diário do culto patriarcal ao macho. O feminismo é crítica. Produção de outro desejo que esteja para além das objetificações e fetichizações, o feminismo é um fazer, é a ação que põe em cena o desejo daquelas que, sendo mulheres, no mais amplo sentido dessa palavra, lutam contra o seu encarceramento, sua domesticação, sua escravização e sua docilização — sem perder de vista que "mulher" é uma marcação do patriarcado que foi ressignificada no feminismo.

Assim, não é errado dizer que o feminismo de cada uma entra em jogo com os feminismos possíveis das outras mulheres. O feminismo é um jogo de linguagem revolucionário. Há feminismos preexistentes e feminismos novos que se criam e recriam, se replicam, se redefinem nos tempos e espaços e, ao mesmo tempo, relacionam-se ao que podemos definir como "feminismo" no sentido genérico dessa palavra. Contudo, este termo, quando usado no singular, não deve nos remeter a uma unidade, ela

76 | Feminismo em comum

mesma uma categoria patriarcal. Antes, deve nos levar a pensar em termos de construção do "comum" a partir da presença da singularidade. Feminismo é um significante que preenchemos com nosso desejo, nossos saberes e ignorâncias, fundando uma trama, um tecido, uma rede — para usar uma expressão muito contemporânea —, que ajuda a visualizar didaticamente o contexto de nossas relações hoje.

Todo feminismo é particular e geral ao mesmo tempo. A partir do que podemos chamar de "lógica da presença", todo feminismo como expressão da presença singular de um corpo que pensa e luta contra o patriarcado, está ligado a algum outro feminismo; todo feminismo está em relação dialética, seja em diálogo, seja em tensão com os outros feminismos.

Mas o que torna o feminismo ainda mais complexo não é apenas esse sentido profundamente filosófico, de questionamento do status quo patriarcal, caracterizado pela combinação interseccional de gênero-raça-classe-sexualidade e — devemos acrescentar — idade e plasticidade física, questão que nos permite incluir o tema dos preconceitos capacitistas a serem analisados e superados. O que o torna ainda mais complexo é o seu caráter inventivo, o seu modo

A necessidade do diálogo e a catástrofe da misoginia | **77**

de ser processual, capaz de se recriar e se reinventar. O feminismo é autopoiético. O feminismo, vamos insistir nisso, mais do que uma teoria e uma prática intimamente entrelaçadas, é a invenção de um outro mundo possível, a partir da desmontagem do jogo de poder patriarcal, um jogo de linguagem. A invenção de um outro mundo livre de violência constitui a utopia feminista a ser antecipada na prática, o que só será possível se demolirmos o patriarcado.

A diversidade feminista é a fonte e o efeito do caráter mais profundo do que chamamos genericamente de feminismo. O feminismo surge como contraposição ao sistema, mas também como promessa de um outro mundo possível. Contra uma visão de mundo pronta, o feminismo é como a dialética negativa, que visa à superação de um estado social injusto e que não teme desaparecer depois que tenha cumprido sua função histórico-social.

O feminismo é método, no sentido de caminho que se faz ao caminhar, em uma incessante construção de esperança e sem garantia alguma de que se chegará ao destino desejado. Por seu caráter aberto, ele incomoda muita gente. O patriarcado precisa se proteger do feminismo, como o diabo, da cruz

— para usar uma expressão própria desse campo expressivo-conceitual que é o patriarcado, um regime eminentemente religioso, moralista e ascético em relação ao qual o feminismo surge como uma espécie de paganismo que amedronta.

Quem tenta destruir o feminismo é justamente quem tem medo do seu caráter transformador. O feminismo é considerado altamente negativo em relação aos padrões patriarcais estabelecidos e naturalizados. A superação dessa impressão de negatividade só será possível ao longo do processo de construção de um outro mundo por meio do feminismo. Nisso reside o seu caráter processual. Aqui eu uso os termos "negativo" e "positivo" para além de um sentido moral.

O feminismo vem crescendo em todos os espaços sociais. Grupos e coletivos enriquecem o cenário da luta pelos direitos das mulheres e, como não pode deixar de ser, de todas as minorias das quais o signo "mulher", anteriormente opressivo, se torna um signo de luta. Raça e classe social, desde o surgimento do feminismo interseccional, são questões que vêm contribuir com o avanço das práticas feministas historicamente ligadas a gênero e sexualidade. O impacto do feminismo negro e interseccional é tal entre nós que podemos falar dele como um divisor de águas na história das lutas.

A pluralidade de propostas e posturas no âmbito feminista incluem mulheres de todas as idades, raças, crenças, plasticidades, escolaridades, sexualidades. O que estou chamando de dialogicidade do feminismo refere-se a essa presença concreta das diferenças. O diálogo feminista depende da presença dos corpos em suas diferenças e singularidades. O feminismo é um espaço-tempo, no qual habitam a multiplicidade dos corpos em relação não violenta.

Nesse sentido, o dissenso é uma característica da dialogicidade, de um não discurso ou contradiscurso, quer dizer, de um desejo de diálogo ou da crítica consistente, de uma multiplicidade de vozes, da presença de dissonâncias em ação performativa sincronizada, a saber, aquela que nos define como seres expressivos e inventores de mundos ao mesmo tempo.

Diálogo é um movimento entre presenças que diferem entre si. O feminismo é, nesse sentido, uma utopia concreta, em que o enlace entre política e ética orienta-se em defesa da singularidade dos corpos humanos em sua singularidade e diferença. O feminismo é a própria democracia que queremos, mas uma democracia profunda, que começa colocando

80 | Feminismo em comum

a questão dos direitos das mulheres e avança, interrogando a urgência dos direitos de todos que sofrem sob jugos diversos, em cenários nos quais o poder do capital estabelece toda forma de violência, das mais sutis às mais brutais.

Não é possível pensar o caráter dialógico do feminismo se não pensarmos no machismo como uma profunda falta de diálogo entre seres que poderiam se ver como seres singulares e que poderiam reconhecer o outro como um semelhante. No machismo, essa possibilidade de reconhecer o outro como um semelhante não existe. O machismo se sustentou numa lógica de mando, de valorização da autoridade e de autoritarismo.

A misoginia é uma espécie de ódio contra as mulheres, que aparece no mundo patriarcal em momentos diferentes da história.[8] Ele está fundamentado nos textos e nas práticas. Sustenta toda a

---

8. Michel Foucault, *História da sexualidade*, Rio de Janeiro, Paz e Terra, 2014. A leitura de Foucault acerca de um antigo poder tanatopolítico que dá lugar a um moderno poder biopolítico nos ajuda a compreender o estatuto desse ódio. Ele vem dos homens, que confundem poder e violência desde os mais remotos tempos.

A necessidade do diálogo e a catástrofe da misoginia | **81**

linguagem conhecida e, muitas vezes, até mesmo as feministas que são muito atentas são capazes de falar reproduzindo algum aspecto misógino. O discurso é um aparelho que foi interiorizado. Eu mesma ou qualquer uma de nós pode se envergonhar dos momentos em que falamos sem pensar e, mesmo sem querer, alimentamos o patriarcado quando não estamos vigilantes ou somos negligentes. Todo o cuidado é pouco quando se trata de superar o discurso de ódio.

Se observarmos o lugar das mulheres na formação dos textos que fazem parte da história será mais fácil entender isso. A máquina do discurso misógino foi bem manejada para funcionar. Os homens produziram seus discursos de ódio contra as mulheres enquanto, ao mesmo tempo, apagaram os textos produzidos pelas mulheres e, num longo processo de apropriação dos meios de produção da linguagem, se tornaram os donos do saber e das leis, inclusive sobre as mulheres. A maior parte do que sabemos sobre as mulheres do passado foi primeiro contado pelos homens.

Da filosofia à literatura, da ciência ao direito, o patriarcado confirma a ideia de que todo documento de cultura que restou é um documento de barbárie. Demorou para que as mulheres conquistassem o seu lugar de fala, o seu direito de dizer o que aconteceu, o seu direito de pesquisa e de memória. O feminismo se construiu a partir da conquista da liberdade de expressão, de acesso e de produção do conhecimento por parte das mulheres.

O mundo patriarcal não promoveu o diálogo entre os gêneros, formas opressoras construídas no percurso de poder que lhe é próprio. O patriarcado opressor sempre foi a verdadeira "ideologia de gênero", embora, hoje em dia, padres e pastores fundamentalistas usem essa expressão de modo invertido com o objetivo de definir negativamente o campo de estudos de gênero e sexualidade.[9] Por essa inversão, machistas fundamentalistas tentam

---

9. Marcia Tiburi, "The Functionality of Gender Ideology in the Brazilian Political and Economics Context", *in: Spite of You: Bolsonaro and the New Brazilian Resistance*, organização de Conor Foley, Nova York e Londres, Ok Books, 2018. Marcia Tiburi, "A funcionalidade da 'ideologia de gênero' no contexto político e econômico brasileiro", Buenos Aires, Nueva Sociedad, jul. 2018, disponível em: <www.nuso.org/articulo/funcionalidade-daideologia-de-genero-no-contexto-politico--e-economico-brasileiro/>.

A necessidade do diálogo e a catástrofe da misoginia | **83**

fazer parecer que gênero e sexo são ideologias e não categorias de análise. Feministas como Tereza de Laurentis[10] já haviam definido o patriarcado como uma tecnologia e uma ideologia de gênero. Isso quer dizer que o patriarcado é uma máquina de fabricar ideias e de submeter corpos, o que ele faz por meio de violências simbólicas e físicas.

Na sua função de ideologia, o patriarcado marcou as mulheres como seres incapazes para o conhecimento e incapazes de exercer qualquer forma de poder, sustentou que as mulheres eram traidoras (o que é confirmado em mitos tais como o mito grego de Pandora e o de Eva no Gênesis), criou a ficção de que as mulheres seriam loucas e más (a partir disso surgiu a mística da mulher ou da "moça boazinha"). O patriarcado reduziu as mulheres ao posto de animais domesticados cuja força de trabalho seria utilizada sem limites, inclusive o trabalho sexual, que não era tratado como trabalho, mas como um simples dever. Se as mulheres não se submetessem,

---

10. Teresa de Laurentis, "A tecnologia de gênero", in: *Tendências e impasses: o feminismo como crítica cultural*, organização de Heloisa Buarque de Holanda, Rio de Janeiro, Rocco, 1994, pp. 206-242.

seriam simplesmente violentadas porque assim ficou estabelecido que seria: os homens teriam estranhos direitos sobre os corpos das mulheres que elas mesmas não teriam.

A misoginia, por sua vez, foi o sustentáculo disso tudo. Ela foi uma espécie de lastro simbólico organizado em discurso que autorizava as formas violentas do comportamento masculino. A correspondência entre o poder patriarcal e a violência tem momentos importantíssimos na história: o sacrifício das jovens e de esposas na Antiguidade grega clássica[11] — cuja afinidade ideológica com o sati indiano, o costume de mulheres viúvas se atirarem à pira funerária do marido, não pode ser esquecida —, bem como a execução das bruxas pela inquisição cristã, ligada ao avanço do capitalismo no fim do feudalismo. Essas práticas arcaicas têm relação direta com o assassinato de mulheres que não cessa de se repetir ao longo da história, aquilo que há não muito tempo vem sendo denominado feminicídio. O feminicídio, que para machistas é um tópico pouco importante, é uma

---

11. Nicole Loraux, *Maneiras trágicas de matar uma mulher: imaginário da Grécia Antiga*, Rio de Janeiro, Jorge Zahar, 1988.

A necessidade do diálogo e a catástrofe da misoginia | 85

verdadeira constante cultural presente em muitos países. A característica desse crime é matar uma pessoa apenas porque ela é mulher. Há países como o Brasil, infelizmente, o campeão dos rankings de assassinato de mulheres e também de pessoas LGBTs.

A docilização e a submissão das mulheres tem tudo a ver com isso. Todas as vezes que as mulheres se tornaram indesejáveis ou inúteis, perigosas para o sistema ou desobedientes, elas foram perseguidas e mortas. E toda a perseguição e violência foi sustentada pelo discurso misógino que oferece explicações para os crimes cometidos que sempre favoreceram os criminosos e colocaram a culpa e a responsabilidade nas vítimas. O discurso misógino é uma violência simbólica que serve como aval da violência física. Em uma sociedade patriarcal que administra o ódio contra as mulheres e contra pessoas que não se enquadram no sistema da heterossexualidade compulsória, sempre é mais fácil odiar mulheres do que homens, mesmo quando eles são muito mais "odiáveis" do que elas. Evidentemente, não estou querendo dizer que se deva odiar pessoas, mas que há homens maus, violentos, que causam danos e violências em escala familiar e doméstica, mas também há homens que

86 | Feminismo em comum

causam danos em escala pública e coletiva, como governantes, e nem por isso são vítimas de ódio. Uma mulher política, uma mulher no governo, sempre terá que pagar um preço por ser mulher. O preço será cobrado pelo patriarcado, que a considera uma intrusa por ocupar um cargo que seria destinado a um homem, segundo as regras do sistema.

8. O FEMINISMO E O FEMININO

Para docilizar as pessoas marcadas como mulheres, foi inventado o "feminino". O feminino é o termo usado para salvaguardar a negatividade que se deseja atribuir às mulheres no sistema patriarcal. Elogiado por poetas e filósofos, o feminino nada mais é do que a demarcação de um regime estético-moral para as mulheres marcadas pela negatividade. Isso quer dizer que se elogia uma mulher quando ela é "feminina", porque ela está de acordo com o que o patriarcado — que construiu o feminino para oprimir um corpo — espera dela. Assim, muitos elogiam o feminino, como se esse atributo fosse bom em si mesmo.

Entre o elogio do caráter feminino e o feminismo há um abismo estético, ético e político, um abismo antropológico. Podemos nos perguntar se o elogio do feminino, tal como ele é desenhado na lógica patriarcal, serve para esconder o ódio que se tem às mulheres e ao feminismo. Assim como o ódio aos negros também é ódio ao questionamento antirracista, assim como o ódio ao comunismo realiza-se como ódio à ideia de luta de classes ou à crítica ao capitalismo, o ódio ao feminismo faz parte da história do ódio às mulheres. A lógica patriarcal nesse aspecto é simples: mulheres femininas e bem-comportadas são aceitas — o que não quer dizer que não sejam violentadas em diversos sentidos —, enquanto mulheres não femininas e feministas são tratadas como anômalas, como figuras monstruosas e sofrem todo tipo de violência. O que elas têm em comum é sempre o mesmo: a violência que sofrem.

O feminismo se apresenta como crítica em relação ao patriarcado inerente a instituições tais como Estado, Mídia, Igreja, Família, Mercado, Escola. Todas essas instituições vendem sua ideologia como discurso verdadeiro, essencializando o feminino e as mulheres como suas portadoras. A misoginia vem para costurar esse sistema.

É bom lembrar que as vozes nunca são neutras. As vozes feministas, antirracistas, anticapacitistas e cientes da luta de classes em nossa sociedade alertam que há algo de errado na pretensa neutralidade da sociedade que esconde a sua patriarcalidade. Essa sociedade patriarcal sobrevive de sua autopropaganda; ela é um sistema de autoelogio que precisa desabonar e humilhar o outro para sobreviver. Daí a invenção do feminino como uma espécie de cárcere simbólico, um tipo de amarra que serve também como arma para práticas de violência.

Nesse contexto, o termo "feminismo" é maltratado, enquanto cresce o elogio ao feminino. É como se, ao se afirmar feminista, uma mulher, ou qualquer pessoa que se autocompreenda desse modo, estivesse indo contra um suposto estado natural das coisas, contra aquilo que é tratado pelo discurso como sendo "a verdade". Contudo, sabemos que a verdade patriarcal é apenas poder de morte, violência simbólica e física contra as mulheres que, caso se contentem em ser bem femininas e bem dóceis, podem até se salvar do espancamento e da morte, embora não haja nenhuma garantia de sobrevivência, pois o ódio é inerente ao patriarcado e ele visa a uma mulher pelo simples fato de ela ser mulher.

9. LUGAR DE FALA: FEMINISMO DIALÓGICO COMO ENCONTRO DAS LUTAS

O termo "luta" nos transmite um bom afeto, algo que anima, inspira e instiga para a ação transformadora. Luta é a ação do desejo que nos politiza. Luta é o nome próprio da ação política, ela mesma uma ação poética, no sentido de criação de uma obra carregada de sentido vivo. O termo "luta" está no mundo da vida. Ora, feministas são seres em luta no mundo da vida. Seja como mulheres ou não, já que a diversidade do termo feminismo não pode depender da unidade do conceito de "mulher" em um sentido natural definido pelo patriarcado, feministas seguem concretizando a promessa de um mundo melhor para todos, todas e todes. Ao mesmo tempo, a luta feminista evolui no tempo e se encontra com outras lutas. Quem pode falar pelo feminismo? Quem pode se autoafirmar feminista? São perguntas que nos colocamos todos os dias. É bom pensar nelas.

É nesse cenário que surge o tópico contemporâneo do "lugar de fala", fundamental no contexto em que a politização de grupos e sujeitos se faz a partir de marcadores opressivos, redefinidos como mote de politização. Aspectos heteroconstruídos, signos de opressão, são tomados do ponto de vista da sujeição vivida e são ressignificados. A apropriação de termos negativos e sua transformação em termos positivos dependem do sentido que a luta concreta traz a esses termos. Quem produz essa transformação linguística? Aqueles que agem na direção de ocupar o chamado "lugar de fala", um verdadeiro processo de ocupação linguística no contexto dos discursos dominados pelo sistema da heterossexualidade branca capitalista. Quem invade o território do poder do discurso é rechaçado.

É preciso compreender que a linguagem é totalmente política e, infelizmente, sitiada, em perpétuo estado de exceção por parte dos "governos" midiáticos e patriarcais do mundo. E, justamente por isso, é evidente que toda luta começa na ação linguística.

Daí a importância da "fala", como expressão e autoexpressão no contexto do poder. O patriarcado sempre privou as pessoas de sua expressão própria, assim como o capitalismo as priva de seu trabalho, assim como o racismo as priva de seus corpos e imagens. De fato, o capitalismo só suporta seus ventríloquos, seus sacerdotes e seus bonecos, jamais a fala autêntica, que é poética e política.

A feminista negra Audre Lorde[12] alerta que não podemos lutar levando adiante a armadilha de uma hierarquia de opressão, como se o sofrimento fosse um capital, mas não podemos nos esquecer das marcas acumuladas, das dores vividas pelas pessoas e do fato de que no sistema de opressão, a fala continua tendo um papel de poder, e o papel de oprimir, mesmo quando ela se coloca como a fala elegante que busca explicar o sofrimento de um outro. Por isso, a conquista do chamado "lugar de fala" que evidencia o problema de se falar pelos outros[13] é tão fundamental.

---

12. Audre Lorde, "Não há hierarquias de opressão", in: *Textos escolhidos de Audre Lorde*, [s.l.], Herética Edições Lesbofeministas Independentes, [s.d.].
13. Linda Alcoff. "The Problem of Speaking for Others". *Cultural Critique*, dez. 1991-fev. 1992.

Ao mesmo tempo que é preciso lutar pela fala de cada um, é preciso sustentar a solidariedade entre os discursos que exigem direitos. A solidariedade não pode ser descartada, ao contrário, ela deve até mesmo ser exigida. Assim, não se deve evitar que um homem apoie o feminismo. Isso não quer dizer que ele será o sujeito do feminismo. Um homem deve defender as mulheres e sua luta, mas isso não garante que ele se torne um feminista, como veremos adiante.

Ora, o lugar de fala posiciona as pessoas em um contexto dialógico. Se luta é um conceito que implica oposição, implica necessariamente a potência de um diálogo. A luta não é a guerra. A luta é feminista enquanto a guerra é patriarcal. A conquista, a defesa de direitos e a ocupação dos lugares de fala não se sustentam fora disso.

Nesse sentido, o feminismo interseccional, que reúne em si a crítica aos marcadores de opressão (raça, gênero, sexualidade e classe social), é evidentemente uma luta contra sofrimentos acumulados e uma luta por consciência e por novas formas de viver junto. Trata-se de uma luta travada a partir da dor por ser quem se é, a dor que resulta de se carregar fardos históricos objetivos e subjetivos. A interseccionalidade das lutas nos leva a pensar que toda luta é luta quando é luta "junto com" o outro, ou seja, com a alteridade com a qual convivemos. Nossas companheiras, companheires e companheiros são parte da alteridade que entra em luta contra um estado de coisas injusto.

Venho falando de dialogicidade com o objetivo de sinalizar para a necessidade de produzir parâmetros fundadores para a luta. É o diálogo que nos permitirá avançar e superar o sofrimento. O diálogo não é um princípio pelo qual teríamos a obrigação de conversar com os machistas. Não se trata disso. O diálogo é o que constrói a luta feminista. O diálogo é o que se constrói com as outras feministas. Ele implica a capacidade de escutar e de falar, ou de expressar e receber a expressão alheia. Audrei Lorde nos ajuda nisso. Ela nos ajuda a lutar pelos direitos das mulheres nos mostrando que nessa luta se luta pelos direitos dos negros. Ela nos explica que, ao lutar pelos direitos dos negros, se luta pelos direitos das mulheres e dos índios, das pessoas trans e dos trabalhadores; ela faz saber que lutar pelos direitos dos trabalhadores é lutar pelos direitos das mulheres que são trabalhadoras.

Assim, quando lutamos por um lugar de fala, lutamos pelo lugar de todos. Lutar por direitos não significa lutar apenas pelos próprios direitos em um sentido individual. A noção de direito implica sempre o coletivo, a sociedade. Por isso é que podemos dizer que a luta é lugar de todos, ou seja, ela implica não apenas a aparência, mas a presença concreta das diferenças objetivas e subjetivas. É essa presença que tem o poder de instaurar o diálogo sem o qual toda luta pode morrer na simples violência destrutiva e autodestrutiva.

10. LUGAR DE ESCUTA

É o desejo político que se mostra com a questão lugar de fala. O lugar de fala pede, no entanto, um lugar de escuta. Se o lugar de fala expressa um desejo de espaço e tempo contra uma ordem que favorece uns em detrimento de outros, a escuta é um elemento prático no processo político que precisa ser experimentado com urgência, sobretudo pelos sujeitos que detêm o privilégio da fala.

Na ordem do discurso (lembremos de Foucault),[14] sabemos que não se trata apenas de "quem pode falar?", mas do fato de que quem fala, fala para alguém. A hegemonia da fala gera uma obrigação da escuta que precisa ser elaborada. Há pessoas incapazes dessa

---

14. Michel Foucault, *A ordem do discurso*, São Paulo, Edições Loyola, 1996.

abertura ao outro. É preciso organizar essa experiência para que ela seja acessível a todos.

A escuta política não é dócil. Fala e escuta quando são políticas são sempre tensas. Justamente por isso, geram um campo de força dentro do qual é possível romper com os poderes estabelecidos.

Infelizmente, é incrível como as pessoas não se escutam. Os poderosos não escutam os sem poder, os capitalistas não escutam os trabalhadores, os homens não escutam as mulheres, os heterossexuais não escutam os não heteronormativos, os brancos não escutam os negros, os opressores, afinal, não escutam os oprimidos. Ora, a problematização da escuta por si só já perturba a hegemonia da fala, que sempre foi dominada pelos sujeitos autoritários. Daí a complexidade da presença de um lugar de fala e do lugar de escuta no contexto da fala colonizada por sistemas de opressão e poder.

É verdade que, em um contexto democrático, pressupõe-se que todos possam falar. No entanto, os caminhos da fala, bem como os da produção de discursos e os meios de comunicação, pertencem às chamadas "elites" econômicas, que vivem no contexto dos privilégios de raça, gênero, sexualidade, plasticidade, idade e classe social. Fora do sistema dos privilégios, a expressão é controlada, digamos que ela é econômica e politicamente administrada.

O espaço da voz autorizada foi até hoje dominado pelo homem branco heteronormativo, situado no topo do sistema social de privilégios. Esse "homem branco" representa o capital sexual (da heterossexualidade compulsória), o capital financeiro, o capital social e intelectual, por fim, o capital comunicacional ou midiático. O "homem branco" é a metáfora que nos permite entender a proposta de uma outra fala possível que vá além desse triste personagem do sistema capitalista patriarcal-racista. A autodesmontagem crítica do estereótipo simbólico e imaginário do homem branco — muitas vezes encarnado em corpos de não homens e não brancos — depende de que se possa mover essa matriz subjetiva de seu lugar de poder. Isso não acontecerá espontaneamente. Não se trata de tentar mudar as subjetividades dos corpos posicionados nesse lugar de poder. Ao contrário, cada um de nós deve se posicionar no lugar de escuta e no lugar de fala, movendo assim os locais do discurso. O homem branco heterossexual precisa ser vencido a partir da hegemonia dos sujeitos em luta.

O homem branco falogocêntrico, o sujeito falante de posse dos meios de comunicação e produção da linguagem, é a forma personalizada da velha soberania patriarcal. Um corpo presente, um modo de ser, a materialização concreta do poder, seu simulacro em estado bruto. Na ordem do discurso patriarcal, o "homem branco" é uma figura e o representante de uma lógica ao mesmo tempo. Está autorizado a falar sobre todos os assuntos, a dizer-fazer o que bem entender, muitas vezes até a perversão. Ele produz e reproduz a visão de mundo que o favorece, ou seja, a sua ideologia. O que se chama de lugar de fala é uma insurgência que afeta o chamado "falogocentrismo", que é a "fala-poder" ou o "poder-fala" do homem branco. A "fala" é autorizada por um "falo" que sempre esteve em posse dos homens brancos, que dominaram os discursos e, assim, a produção do que eles mesmos chamaram de verdade.

11. IDEOLOGIA PATRIARCAL

Patriarcado é um nome que pode soar estranho para muitas pessoas que consideram natural a ordem social existente. Trata-se da ideologia de gênero, como vimos antes. Mas para que serve a ideologia? Para sustentar privilégios. Assim, o patriarcado diz respeito à estrutura de poder que organiza a sociedade, favorecendo uns e submetendo outros a um sistema de favorecimento sob pena de violência e morte.

É claro que qualquer sistema de privilégios é feito para que uns usufruam deles enquanto outros deverão trabalhar para que o sistema seja mantido. Uns serão senhores, outros serão escravizados. Nessa perspectiva, é impossível pensar que o patriarcado dará espaço ao feminismo. Se isso acontecesse, a estrutura que sustenta a sociedade já não seria a do patriarcado. Ao mesmo tempo, o feminismo aponta para o caráter inconciliável de uma sociedade de direitos na qual o patriarcado esteja em vigência. É nesse sentido que o feminismo é uma luta contra o patriarcado, enquanto estado social, psíquico e econômico de opressão e injustiça.

Vamos pensar um pouco mais na questão dos privilégios. Se pudéssemos escolher, provavelmente preferiríamos pessoalmente viver a partir da posição dos privilegiados, pois a vida dos privilegiados tende a ser menos sofrida, em termos materiais e imateriais. Mas nosso nascimento já nos condena a uma classe social, a uma raça e a outras marcações sociais que não nos permitem escolhas e das quais só nos emancipamos com muita luta. Além dos sofrimentos físicos, materiais, concretos, econômicos, muitas pessoas têm vergonha de estar no lugar de oprimidas. A vergonha de ser mulher, de ser negra, de ser pobre não é incomum. Isso quer dizer que temos vergonha da opressão que experimentamos. Nossos algozes não têm vergonha nenhuma.

Temos vergonha das opressões vividas que surgem do sistema de privilégios como sistema da desigualdade. Temos vergonha dos legados de classe em uma sociedade que mede os outros pela cafonice autoritária do "berço", como é a brasileira. Ricos trabalham menos que pobres. E é um fato que, quanto mais se trabalha, menos privilégio se tem. Quando se percebe esse processo, surge o argumento do mérito, um argumento precário, mas que convence aqueles que precisam desse tipo de compensação. Surge a meritocracia, a ideologia do mérito. Ora, o patriarcado é uma ideologia meritocrática, um sistema de compensações psicossociais do qual o argumento do mérito faz parte. O funcionamento meritocrático do patriarcado é visível: os homens sempre se apresentaram como melhores, mais capazes e mais competentes do que as mulheres por sua própria "natureza", pelo simples fato de serem homens. E assim colocaram mulheres em posições subalternas.

A ideologia meritocrática — capitalista e patriarcal, racista e capacitista — acoberta relações sociais injustas, acoberta o sistema de privilégios de uns em detrimento de outros. Infelizmente, há até pessoas pobres que preferem muitas vezes defender a meritocracia a entender a opressão que as impede de viver em condições melhores e de desenvolver potencialidades, de ter o direito de se tornarem quem são. Infelizmente, pode haver mulheres que acreditem nisso contra si mesmas.

Quando pensamos em feminismo, somos levados a considerar uma sociedade para além da ideologia do mérito, uma sociedade na qual todas (todes e todos também) tenham os mesmos direitos. Mas não só. Podemos pensar em uma sociedade em que pessoas sejam ajudadas a desenvolver suas potencialidades. E, mais ainda, uma sociedade na qual as pessoas não sejam medidas por desempenhos em todos os setores da vida, como tem acontecido na sociedade patriarcal, necessariamente autoritária, hierárquica, violenta e promotora de disputas por poder.

Nessa sociedade, as pessoas são obrigadas a desempenhar papéis a partir de signos que são administrados e manipulados, como se fossem caixas que põem as coisas em um lugar no qual é mais fácil dominá-las. Neste momento, as exigências de desempenho que pesam sobre as mulheres são imensas, e elas não têm muita chance, mesmo quando aderem à ideologia meritocrática. As mulheres serão constantemente preteridas e talvez, de antemão, nem se coloquem em disputa com um homem, porque já se acostumaram a um lugar subalterno e negativo nessa ordem.

As mulheres terão de pagar caro também na vida profissional apenas por serem mulheres, não apenas no lugar de trabalhadoras, mas no de "carne" a serviço do sistema — ao qual foram destinadas desde muitos séculos. O que podemos chamar de "cultura do assédio", no trabalho ou nas ruas — ou na família, ambiente em que acontece a imensa maioria dos estupros e abusos sexuais —, relaciona-se à condição subalterna das mulheres que — por não poderem competir com os homens e porque não são consideradas seres iguais em direitos — devem servir caladas a violências simbólicas, verbais e físicas.

O sistema econômico e social ao qual se dá o nome de capitalismo — por valorizar o capital acima de todas as coisas — mede os corpos como força de trabalho e, assim como ontem reduzia as pessoas a trabalhadores, hoje depende do abandono e do apagamento dessas mesmas pessoas, que, mesmo sendo trabalhadoras, são reposicionadas na terminologia e tratadas como consumidoras. Nesse contexto, muitas mulheres se iludem de que estão livres porque adquiriram independência econômica — embora estejam sendo oprimidas pelo próprio sistema que as emprega e que as leva a serem consumidoras. É assim que as mulheres que servem ao consumo se tornam consumidoras consumidas.

Em todos os campos de atividades, dos menos aos mais concorridos, as mulheres são as pessoas que recebem menor remuneração. As mulheres que acumulam a opressão de raça, como as mulheres negras, receberão salários ou remunerações menores do que todos os demais membros da sociedade. Mesmo quando chegam aos cargos mais desejados, como diretoras ou presidentes de corporações, as mulheres costumam receber salários menores.

As mulheres negras raramente chegam a cargos mais valorizados no sistema capitalista-machista-racista. Os grandes cargos são reservados aos homens brancos ou a homens que fazem a performance do "homem branco capitalista" através de jogos de poder estéticos, econômicos e políticos. O machismo é a estratégia que se organiza como "natureza", ou modo de ser, que privilegia os "machos", dando-lhes o poder, enquanto subestima todos os demais. O machismo é a estratégia de manutenção desse poder. A humilhação masculinista contra as mulheres e outros gêneros e sexualidades em funcionamento na vida cotidiana. Ele é totalitário e insidioso, está na macroestrutura e na microestrutura da vida cotidiana. Está na objetividade das instituições e é interiorizado na subjetividade. Isso quer dizer que, mesmo que seja uma ordem externa ao desejo das pessoas, o machismo foi e é introjetado por muitas, inclusive por mulheres. E, porque é algo estrutural, organizado como uma natureza, o machismo faz parte de um modo orgânico de pensar, de sentir e de agir. Desse modo, é difícil modificá-lo. Ora, o machismo é o método do patriarcado enquanto ideologia que o feminismo vem perturbar.

12. A PRESTAÇÃO DE SERVIÇOS DOMÉSTICOS

O machismo é um sistema de crenças em que se aceita a superioridade dos homens em nome de sua masculinidade. No entanto, se a masculinidade aparece em uma mulher, ela é rechaçada e criticada. O machismo reserva a masculinidade para si e age contra as pessoas que não são masculinas. A feminilidade, por sua vez, é um caráter reservado às mulheres e, quando manifestada por homens, é tratada como um erro da natureza. O patriarcado depende da ideia de natureza que defende a existência de apenas dois sexos, cujos comportamentos foram programados. E isso é o mais difícil de mudar quando pensamos na transformação da sociedade. Por algum motivo, muitas pessoas, a maior parte delas, se acostuma às programações. Agir é sempre complicado — e mais

110 | Feminismo em comum

ainda quando é preciso agir de modo criativo, ou seja, com liberdade. O feminismo leva a pensar que a vida seria melhor e menos sofrida longe de diferenças de sexualidade e gênero. E que o machismo e o sexismo causam muito sofrimento. Ora, não precisamos viver sob seu jugo.

Ao mesmo tempo, é verdade que algumas mulheres se emancipam da prisão doméstica, espaço em que tudo está de antemão programado no campo dos serviços, tais como limpar e lavar, cozinhar e organizar, cuidar das crianças, dos homens e dos velhos e, se houver tempo, cuidar de si mesma para se manter agradável aos olhos e demandas dos outros. Talvez não seja um exagero dizer que apenas as mulheres solteiras e que vivem sós é que são emancipadas. Mas digo isso sem certeza alguma, apenas para que possamos refletir sobre a questão da vida doméstica como uma vida de prestação de serviços. Muitas vezes, as mulheres se emancipam ao conseguirem que outras mulheres trabalhem por elas e então repetem o mesmo ciclo que poderiam ajudar a desconstruir na luta contra a desigualdade doméstica que se reproduz na vida pública.

Isso deve nos levar a pensar que o "lar" nunca é um lugar "doce" para as mulheres, mas um núcleo essencialmente capitalista que tem na família um núcleo fundamental no sistema de exploração.

Muitas vezes, quando se pertence a uma classe social mais favorecida economicamente, o trabalho que seria destinado primeiramente às mulheres da família acaba sendo terceirizado para outra mulher de uma classe social econômica e socialmente inferior. Os homens podem se queixar de que são explorados como provedores, mas, a partir do momento em que as mulheres ocupam o mercado de trabalho e se tornam também elas provedoras, as coisas são bem diferentes. De qualquer modo, o sistema de privilégios continua favorecendo os homens que, na condição de exploradores, em todas as classes — com exceções que confirmam a regra — lucram com a condição feminina escravizada no contexto dos trabalhos naturalizados e não remunerados. As mulheres de classes sociais privilegiadas também aproveitam o trabalho das não privilegiadas, ou seja, das exploradas.

A condição de exploração das mulheres sustenta-se sobre um discurso. Há uma espécie de texto que é dito diariamente envolvido em subtextos que permanecem secretos em torno do tema da exploração do trabalho e do "ser feminino". Estou falando da romantização do lar e das relações familiares. Esses discursos funcionais para a ideologia patriarcal escondem a crueldade machista em funcionamento no seio dos casamentos e da maternidade que fazem parte da família. As virtudes cristãs das mulheres, tais como a capacidade de cuidar e a compaixão, a compreensão e a atenção ao outro, bem como ao elogio da feminilidade na forma de delicadeza e da paciência feminina, e até mesmo da sensualidade, tudo isso serve como texto para ocultar o subtexto do machismo que nos informa "para que serve" uma mulher. Servir, estar a serviço, faz parte da imagem que a sociedade patriarcal tem das mulheres.

Quando as mulheres percebem isso e se indignam, muitas vezes acabam por aderir ao feminismo, passam a se autodefinir como feministas, como se a posse dessa palavra se tornasse um gesto de alforria da escravização disfarçada em que estiveram inseridas. Há, no entanto, quem se diga feminista porque pode soar algo bonito, cool, algo que está na moda. Infelizmente, de nada adianta dizer-se feminista sem lutar pela transformação da sociedade que gera as condições de possibilidade da injustiça patriarcal.

A prestação de serviços domésticos | **113**

Essa transformação, por sua vez, implica perceber que as mulheres são uma forma de classe, a própria classe trabalhadora. Importante voltarmos a esse assunto, que, desde o começo, emoldura a nossa discussão.

Se pensarmos em termos de signos usados para marcar corpos, diremos que mulher é o ser marcado para servir ao mundo do privilégio patriarcal. Sob o signo do capitalismo, o mundo entrou em um devir-mulher assim como entrou em um devir-negro[15] no sentido de processos simbólicos e práticos com o objetivo da escravização geral de todos. Alguns feminismos conseguiram transformar o signo mulher em algo positivo, mas é fato que, no patriarcado — que equivale ao capitalismo —, as mulheres sempre foram figuras negativas, um "outro" criado para a servidão. Alguns, na sequência dessa mistificação, trataram o signo "mulher" como uma evolução do mundo para além do patriarcado. No entanto, por mais que tratemos o termo "mulher" como uma metáfora, não há qualquer fundamento para a ideia

---

15. Achille Mbembe, *Crítica da razão negra*, Lisboa, Antígona, 2014.

de que um mundo tornado "mulher" ou um "mundo feminino" pudesse ser melhor do que o mundo que conhecemos. Até porque a divisão de gênero e suas metafísicas relacionadas à ideia de "natureza" foram criadas pelo patriarcado.

De fato, o feminismo sugere uma ideia de mundo no qual as singularidades sejam respeitadas. Não se pode sustentar a ideia de que as pessoas que participam de um mundo devam ser mulheres para serem aceitas. Inclusive, há feministas que, mesmo tendo sido marcadas como mulheres, preferem apenas se autodefinir ou se assumir como feministas e não como mulheres. O fundamento feminista prevê um mundo em que todos sejam sujeitos de direitos e não necessariamente apenas as pessoas "mulheres".

Ora, o trabalhador é o escravo do capitalismo, o que equivale a dizer que seria como a mulher do capitalismo. A mulher do trabalhador, por sua vez, seria como que sua escrava. Isso quer dizer que, diante de uma mulher, esteja ela na condição de esposa ou de puta, o seu explorador — mesmo sendo ele outro explorado, como no caso de um trabalhador empregado pelo capitalismo —, é, de algum modo, um capitalista. Verdade que sempre há quem venha

A prestação de serviços domésticos | **115**

alegar — em uma perspectiva liberal ingênua — que as mulheres escolhem isso ou aquilo, essa ou aquela vida, esse ou aquele trabalho, que elas escolhem ter ou não ter poder, do mesmo modo que sempre se pode alegar no âmbito do senso comum que cada um escolhe a vida que tem.

O problema é que a ideia de "escolha" é abstrata, tendo em vista as condições patriarcais da sociedade e da cultura. Nesse sentido, o que significa "escolher" em um mundo machista, no qual a base simbólica da cultura não prevê espaço para uma real liberdade das mulheres? Vejam que aqui uso o termo "liberdade" em um sentido filosófico amplo, não como ele é usado no liberalismo econômico, que, infelizmente, sequestrou e deturpou essa bela ideia para seus fins iníquos.

O feminismo propõe que as pessoas se tornem conscientes disso e possam ultrapassar esse estado de coisas injusto no que concerne às mulheres e às demais heterodenominadas "minorias políticas", que, no caso das mulheres, são uma verdadeira maioria populacional.

A condição feminina é a produção de um autoengano que deve ser assumido diariamente. Esse autoengano se refere à subjugação da qual cada uma é vítima, condição que, necessariamente, tem que ser ocultada para os fins do sistema. É impressionante como as pessoas e, principalmente, muitas mulheres não se questionam sobre isso, o que se compreende pelo fato de que os sistemas ideológicos se organizam na intenção de impedir que as pessoas pensem por conta própria. Ver o quanto são oprimidas, o quanto são usadas pelo sistema e por aqueles que, dentro do sistema, estão no lugar de privilegiados é algo que deve permanecer oculto. Por isso, devemos nos perguntar sobre o caráter ideológico da ordem patriarcal, sobre a cortina colocada pelo poder para que as mulheres jamais vejam o que realmente está acontecendo. Como em toda ideologia, os corpos utilizados para a manutenção do poder, não devem saber o que estão fazendo.

O patriarcado é uma espécie de pano de fundo cenográfico sobre o qual — e contra o qual — surge a luta pelos direitos das mulheres e de todas as pessoas oprimidas e silenciadas em função de suas marcações de opressão. Ao mesmo tempo, a metáfora do pano de fundo remete à cortina que se usa para esconder o que não deve ser mostrado,

A prestação de serviços domésticos | **117**

e o feminismo surge como um descortinamento. Imaginemos esse gesto de tirar um tapume, quando esse tapume se torna essencial para a manutenção de aparências. Imagine o que pode significar o gesto de tirar vendas de olhos acostumados a não ver.

O feminismo teórico não é apenas uma defesa do pensamento livre. Ele é o próprio pensamento livre que propõe a retirada das vendas e a libertação das mentes e dos corpos. Como postura prática de oposição à ordem concreta, o feminismo nasce de uma desconstrução teórica profunda que visa ao concreto e, nesse sentido, ao corpo vivo.

Se o patriarcado é um sistema de pensamento que reserva para si a pretensão da verdade, o feminismo avança como descortinamento desse sistema que foi armado, como uma armadilha contra o corpo, um corpo que foi sexualizado. A partir da ideia de uma suposta diferença sexual, que é tratada como verdade e tem a função de estabelecer os parâmetros da dominação no que vem sendo chamado há bastante tempo de divisão sexual do trabalho, é que o patriarcado se ergueu e se sustentou. Isso quer dizer que, se retirarmos a cortina da natureza, o sistema não se sustenta.

O feminismo surge, portanto, como desmontagem do patriarcado, ele mesmo um sistema de injustiças baseado nessa divisão sustentada na ideia de natureza da diferença sexual que deveria, para o bem do sistema, permanecer inquestionada. Como crítica contraideológica, o feminismo não pretende ser uma ideologia substitutiva. Trata-se apenas de buscar uma visão mais verdadeira das coisas.

A ignorância é confortável para muitos. Há quem diga que só os ignorantes são felizes. Se lembrarmos que a ideia de cortina serve para explicar o que é ideologia, então o feminismo pode ser entendido como uma leitura atenta da ideologia patriarcal que acaba retirando seu véu. A antipatia que muitos têm pelo que o termo "feminismo" vem designar relaciona-se ao seu caráter elucidativo quanto a um estado de cegueira.

Se não houvesse feminismo, pensemos um pouco, o patriarcado não teria limites no seu processo de enganar e cometer injustiças.

13. A COLONIZAÇÃO MACHISTA

Talvez seja realmente difícil compreender a dominação masculina, porque estamos mergulhados nela. A própria ideia de compreensão é controlada pelo sistema patriarcal e faz parte dos espaços mentais controlados pela colonização machista, uma colonização das mentes e dos corpos.

Vamos chamar esse sistema de compreensão, esse campo epistemológico, de "ordem do saber". Ela está cheia de elementos misóginos. Se formos aos livros de filosofia e às obras literárias, veremos discursos misóginos afirmando que mulheres são isso ou aquilo e, sobretudo, que não são cognitiva e intelectualmente capazes. É preciso dominar os corpos a partir da mentalidade.

Para lembrar de um exemplo bem antigo e tradicional que orientou a visão de mundo de muitos filósofos homens sobre as mulheres, temos Aristóteles, que, em suas teorias, nos informa que, às vezes, a natureza era capaz de produzir uma mulher inteligente. Na sua visão, esse seria um fato contranatural. Aristóteles foi um filósofo importante que orientou a produção epistêmica universal e, se ele era um machista, o seu machismo apareceu e se expandiu a partir de suas teorias.

Há pessoas que certamente justificarão filósofos como Aristóteles dizendo que ele era apenas um homem do seu tempo. A isso, podemos contrapor uma pergunta: não seriam justamente esses homens que deveriam estar mais atentos aos aspectos ideológicos da sociedade e às suas ilusões e mentiras? Certamente, os filósofos da antiguidade clássica estavam mais interessados em fundar ontologias do que em fazer críticas, mas mesmo a filosofia mais metafísica, como a de Aristóteles, partiu de questionamentos. Infelizmente, ele não foi capaz de criticar a ideia de natureza, como aconteceu com a imensa maioria dos filósofos homens até o século XIX. E, mesmo aqueles que foram capazes disso, como Marx, foram incapazes de ir fundo no problema da dominação masculina, da exploração do trabalho feminino e dos efeitos que a desconstrução da ideia de natureza faria sobre a sociedade.

Ora, os filósofos nem sempre quiseram mudar o mundo. Já o feminismo é a filosofia que realmente deseja transformar esse mundo na direção de um outro mundo possível no qual as mentes não sejam mais colonizadas, ou seja, ocupadas por ideologias de aprisionamento e subjugação.

O que chamamos de patriarcado pode ser entendido como o próprio sistema do saber com suas regras, seu controle do conhecimento e da ideia de verdade. No patriarcado, saber e poder unem-se contra os seres heterodenominados como mulheres. Neste cenário, a novidade do feminismo se faz ainda mais complexa. O feminismo não é apenas um conceito, no sentido de uma abstração teórica, muito menos um sistema de pensamento, nem somente o nome próprio que se dá a uma prática.

O feminismo é mais do que um conceito. É um complexo operador ético-político, analítico, crítico e desconstrutivo e serve como lente de aumento que põe foco sobre as relações humanas e sobre os aspectos ocultados nessas relações.

Nesse sentido, o feminismo não é um conteúdo específico organizado em sistema, ele é muito mais um meio. Ele não é apenas um viés de análise, mas a potência de um corte crítico em relação ao continuum histórico do patriarcado. Do mesmo modo, o feminismo não pressupõe o patriarcado como uma abstração. O feminismo não cria o patriarcado como um "outro", como um objeto de estudos. Por isso mesmo é que podemos ficar seguras de que o feminismo não é uma ideologia como seus detratores misóginos desejam fazer parecer. O feminismo é uma leitura que põe em questão o que existe — aquilo que está dado — para então analisá-lo.

O feminismo é, nessa linha, "teoria crítica" que se constrói a partir do arcabouço dado no patriarcado, ele mesmo uma forma de teoria tradicional; uma visão de mundo exposta em tela. Ora, a teoria crítica leva em conta a construção do sujeito da pesquisa como sujeito do questionamento para além da ideia de um sujeito do sistema do conhecimento que simplesmente acumularia informações e erudição na eterna reprodução da colonização mental sistemática do patriarcado.

Levando esses aspectos em consideração, podemos pensar que o feminismo é um signo para muitas definições possíveis, todas incompletas, carregadas

das mais diversas potências — às quais daremos o nome de potências feministas. O feminismo não é apenas plural, portanto, ele é eminentemente potencial. Como abertura à compreensão, ao futuro, mais do que uma promessa, o feminismo é um método de transformação social capaz de modificar tanto a microfísica da vida cotidiana quanto a macroestrutura da sociedade — que foi alicerçada no patriarcado machista e sexista, o qual tem sua base na conhecida violência contra as mulheres, não por acaso excluídas do sistema do poder-saber e tratadas como corpos úteis que devem carregar em si uma espécie de "chip" ideológico, como se fossem robôs do sistema que as coloniza.

14. DIREITO DE SER QUEM SE É

O feminismo é ainda mais do que elucidação, crítica e luta. Ele é também a conquista do direito de ser quem se é. Uma conquista comemorada a cada dia por quem se sente comprometido, em sua vida, com aqueles que não-puderam-ser-aquilo-que-poderiam-ter-sido em função de preconceitos de gênero e sexualidade, de raça e classe ou de condições relacionadas à plasticidade física em um mundo de preconceitos estéticos usados para silenciar e violentar os corpos.

É o feminismo que alerta para a forma de sujeição inscrita no gênero e na sexualidade que tem como objetivo assujeitar e submeter o corpo de alguém. Refletir sobre o que chamamos de gênero, utilizando essa categoria para analisar a sociedade e, nela, o comportamento humano, assim como refletir sobre a sexualidade como mecanismo de opressão, é o que o feminismo busca justamente para poder criar condições de libertação dos corpos. Não libertaremos nossos corpos e a vida que se constrói a partir deles se não entendermos os processos pelos quais eles são subjugados. Ou seja, o direito de ser quem se é, que faz parte do mais íntimo projeto feminista, depende de que possamos entender o que é gênero.

O feminismo significa muitas coisas no desenvolvimento de seu tenso e complexo processo histórico, contudo, algo é certo: foi por meio dele, mesmo quando não se usava esse nome para designá-lo, que as mulheres se emanciparam, que elas deixaram de ser coisas — serviçais úteis ou carne de procriação e abate — e se tornaram pessoas com cidadania política. Por que essas pessoas chamadas de mulheres não eram — e, em muitos contextos, ainda não são — tratadas como seres de direitos humanos? Em muitos casos, elas não têm direito à simples cidadania, como pode ser percebido quando se trata da questão da legalização do aborto em certas sociedades que impõem que mulheres devem ser mães e não têm o direito de não desejar essa imposição. Essa é uma pergunta que devemos nos colocar porque estamos falando sobre a obrigação compulsória de ser mãe em uma sociedade que trata o corpo feminino como máquina de reprodução. Cito o exemplo da imposição à maternidade que nos serve de modelo para pensar as demais imposições: à "beleza", à "sensualidade", à "feminilidade", trabalho com o cuidado, com a servidão e todos os esquemas sociais envolvidos nisso.

As transformações no contexto do que chamamos de gênero apavoram aqueles que preferem viver em uma sociedade na qual as pessoas são marcadas como gado. O direito de ser quem se é é proibido. A autorização permitida pelo patriarcado é aquela que faz das mulheres robôs úteis orientadas por comportamentos de massa a serviço do patriarcado racista, capacitista, em uma palavra, capitalista.

Ninguém que busque viver segundo uma forma democrática de pensar e de sentir pode gostar de ser marcado ou de marcar o outro. As pessoas que não corresponderam à ideia de heteronormatividade foram classificadas como gays, lésbicas, vadias, trans e outros nomes — dos quais depois vieram a se apropriar, como forma de usar a marcação sofrida para politizar a própria vida violentada pela ordem dominante. Assim, torna-se possível tanto denunciar o processo de marcação quanto assumir um lugar de menor sofrimento no contexto dos preconceitos contra os quais se luta. Usar um nome proveniente de uma marcação não é naturalizá-lo, mas deixar claro que se está a definir um outro lugar relacionado ao direito de ser quem se é, o direito de existir. O direito de estar presente.

Nesse ponto, fica evidente que o feminismo implica uma postura ético-política. Ele nos ajuda a perguntar sobre a felicidade das pessoas que vivem sob signos opressivos, que criam todo tipo de sofrimento para seres humanos e também para não humanos, como os animais. O patriarcado sempre legislou sobre as mulheres, sempre quis dizer o que era melhor para elas — assim como o sistema faz com pessoas marcadas como negras, pobres ou diferentes em geral. O feminismo nos convida a permitir que as pessoas oprimidas, coagidas e humilhadas falem por si mesmas e sejam ouvidas. Mas, sobretudo, que elas possam se autocompreender para além das heteroexplicações autoritárias do patriarcado.

O que estou definindo como "ser quem se é" implica a autonomia de si e evidentemente essa liberdade não pode ser apenas consentida às pessoas se o sistema patriarcal quiser manter-se em pé.

É a democracia radical que buscamos como feministas, nela não há espaço para as violências do patriarcado. Dar espaço às vozes silenciadas e programaticamente esquecidas é o objetivo do feminismo como processo de libertação dos corpos. Nesse sentido, o feminismo é o convite a um diálogo radical e profundo que não teme a verdade.

15. MULHERES E FEMINISTAS:
UM PROBLEMA DE IDENTIDADE

As mulheres representam uma imensa multidão de seres que não puderam se tornar quem poderiam ser, ou quem desejavam ser, porque foram oprimidos e conduzidos a servir aos homens. Mulheres foram seres criados para servir a outros seres sem esperar nada em troca. Não há problema em prestar serviços, nem em trabalhar, nem em ajudar ou cuidar de quem for ou do que quer que seja, se essas atividades são tratadas com consciência de seu sentido e com direitos assegurados. Contudo, no caso das mulheres, o ato de "servir" tornou-se uma espécie de dever relacionado ao seu gênero e ao seu sexo, sem que direitos estivessem ligados a essas atividades.

Ainda há pessoas que defendem ideias como essa. Que exploram mulheres enquanto mães; empregadas

132 | Feminismo em comum

domésticas, trabalhadoras em geral, seja do comércio ou das grandes corporações; ou como prostitutas. E que as exploram também como imagens, figuras espetaculares usadas como mercadorias para vender outras mercadorias. A indústria da imagem avança sobre os corpos separando os esteticamente úteis e os inúteis. As mulheres fazem muito mais parte desse "material" do que os homens. Hoje em dia as mulheres reivindicam o direito ao próprio corpo quando exigem a legalização do aborto em países nos quais ele ainda é ilegal, tais como o Brasil, mas também exigem seu direito ao próprio corpo quando reivindicam sua imagem, quando não se deixam usar, quando se apresentam fora dos padrões estéticos do patriarcado.

As mulheres precisam lutar para defender também suas imagens, capturadas pelo sistema econômico e social e que, nos meios de comunicação de massa, foram transformadas em moeda e mercadoria. Lutar pelo direito à autoimagem é, por outro lado, lutar por uma identidade, reivindicação das pessoas que foram invisibilizadas na opressão do espetáculo que mede as pessoas pela aparência.

Chamamos de identidade a imagem que temos de nós mesmos. A identidade é uma inscrição sociocultural e constantemente tratada como um signo de pertencimento. Ao mesmo tempo, pessoas que são marcadas por signos de preconceito, pessoas que são colocadas pelo sistema entre a invisibilidade e a visibilidade negativa, podem vir a lutar pela superação da própria identidade. Isso nos faz pensar que a identidade não deve ser mistificada, ou seja, transformada em verdade absoluta, pois as pessoas podem questioná-la. Há, contudo, uma identidade que se oculta enquanto tal. Trata-se da identidade do "homem branco" que subjuga os outros a uma "não identidade". É o sujeito da identidade do "homem branco" que usará a ideia de identidade negativamente para marcar como "identitários" aqueles que aprenderam o valor da identidade. A estratégia é sempre a mesma, colocar o outro no lugar da negação.

Ao mesmo tempo, reivindicar uma identidade não significa necessariamente salvar-se dos jugos, já que as identidades primeiro são criadas negativamente pelo "homem branco" para ocultar a sua própria. Assim, a identidade precisa ser pensada dialeticamente, vista no que ela tem de verdade e de falsidade, se ela é uma verdade histórica, foi inventada no tempo e pode ser repensada. Como falsidade, podemos sempre ter em vista o elemento de fantasia que serve aos que primeiro a inventaram. Vencer o processo de subjugação imposto pelos criadores das identidades é o desafio que grupos chamados pejorativamente de "identitários" pelo "homem-branco-que-oculta-sua-identidade" têm pela frente.

As mulheres são o primeiro grupo marcado por uma identidade que sempre favoreceu o seu opressor e resolveram fazer do signo da opressão um elemento de luta de desconstrução dessa sujeição. Mas a quem serve a identidade heteroconstruída?

Pensemos na questão racial. Primeiramente, o signo "negro" serviu aos senhores da escravização, que a inventaram. Inventaram uma identidade única e marcante para pessoas que deviam ser subjugadas. O mesmo aconteceu com as pessoas que foram hete-rodenominadas como "índios" por Colombo, aliás, a partir de seu erro. As pessoas oprimidas por esses signos passaram a ressignificar seu sentido e impri-miram a eles sentidos de autoafirmação e orgulho. Foi uma maneira de desmontar a opressão por meio de suas próprias palavras.

O mesmo aconteceu com as feministas. O fe-minismo foi primeiramente usado em um sentido negativo. Aliás, duplamente negativo, porque as mulheres, seu sujeito, eram tratadas como se não fossem mulheres, como se fossem uma espécie de aberração por suas reivindicações, que eram interpretadas como antinaturais nos meios patriarcais. Em termos simples, quero dizer que o termo "mulher" sempre foi aplicado com um sentido negativo. Na França do século XIX, um médico usou o nome "feminista" para designar um homem doente que desenvolvia características femininas. Consta que Alexandre Dumas Filho[16] tenha usado o termo para depreciar homens que defendiam direitos de mulheres.

Assim é que, se a mulher é uma marcação e feminista é outra marcação, a "mulher feminista" carrega uma dupla marcação. O mesmo acontece com a mulher negra, que acumula duas marcações. Uma "mulher feminista negra" carrega, portanto, uma tripla marcação e, por isso, soa ainda mais perigosa para o sistema, porque inclui, além de tudo, a questão racial na sua luta de mulher feminista.

A luta das mulheres feministas, contudo — mesmo quando têm a pele não negra, não sendo também

---

16. Geneviève Fraisse, *Musa de la razón: la democracia excluyente y la diferencia de los sexos*, Madri, Cátedra, 1991.

136 | Feminismo em comum

indígenas, asiáticas, ou pertencendo a outras etnias conforme um sistema de preconceitos que não cessa de produzir a ideia de um outro negativo —, pode, por isso, dar alguma vantagem no sistema de marcações a mulheres brancas. Cabe, portanto, fazer avançar a luta interseccional para que o sistema de privilégios seja superado.

No entanto, para retomar a ideia do devir-negro do mundo,[17] a escravização geral, que atinge a todos os que não são os donos do capital, sempre operou também sobre muitas mulheres brancas. Mulheres brancas trabalhadoras e pobres, embora pudessem estar inscritas no privilégio branco, nem sempre estiveram livres, apenas por isso, de sua condição de trabalhadoras e escravizadas no lar. O velho devir-mulher do mundo, quando todos estão subjugados ao patriarcal-capitalismo por meio de corpos medidos como úteis para o trabalho, a sujeição e o prazer (do homem branco) em uma economia-política hegemonicamente branca e, portanto, racista. Branco, nesse sentido, é um signo de marcação para denunciar a opressão de raça como

---

17. Achille Mbembe, *Crítica da razão negra*, Lisboa, Antígona, 2014.

opressão de classe e opressão de gênero. A ordem branca, por sua vez, é a mesma ordem do senhorio patriarcal capitalista que subjuga negros/mulheres/trabalhadores.

As feministas negras, a partir de Alice Walker, começaram a usar o termo "mulherista" em um sentido positivo e revolucionário. O mulherismo não é muito diferente do feminismo, mas guarda um elemento de elogio às mulheres e sua capacidade de lutar nessa ordem insanamente opressiva que é o patriarcado racista.

Em vez de desconstruir o gênero, o mulherismo fala da força e do poder das mulheres. É uma postura bonita e com poder de empoderamento de mulheres e, embora não vá ao fundo analítico do problema da identidade, colabora com a luta feminista ao festejar o ser-mulher. A propósito, é preciso dizer que não há um patriarcado que não seja racista e que não seja capitalista no sentido "originário" de uma ordem social que serve ao "homem branco" em cujo oposto está a "mulher negra".

Não devemos perder de vista o sério risco da fragmentação da luta, que pode destruí-la. Ao alcançarmos a construção de uma identidade, podemos também encontrar o indivíduo que, embora único em sua diferença, é, ao mesmo tempo, isolado. Isso nos faz pensar no perigo de um conceito atualmente muito em voga, e que se torna ingênuo quando perdemos de vista a sua origem no individualismo burguês. Refiro-me ao conceito de singularidade. Ele não deve ser usado sem uma mediação crítica. Como produzir uma singularidade não individualista? O capitalismo vigilante está atento àquilo que desejamos ser para transformar nosso desejo e nosso modo de ser em mercadoria.

É desnecessário lembrar que a identidade é histórica, que ela não apenas não é natural, como é o contrário de qualquer ideia de natureza. Afirmar uma identidade é criticar a proposição da natureza das coisas e das pessoas que alimenta fundamentalistas e conservadores em geral.

O exemplo dos povos que habitam, há milênios e séculos, a terra chamada Brasil deve sempre ser lembrado. Eles não chamavam a si mesmos de índios — e só o fazem hoje em um esforço de conversar com esse outro que são os não índios. Do mesmo modo, o nome mulher ("mulier" deriva de "mollis", que em latim significa "mole"), bem como o termo

Mulheres e feministas | **139**

"feminismo" (que vem de "feminino", "fides minus", "com menos fé"), têm uma origem complexa e não teriam se tornado positivos sem um grande esforço interpretativo de ressignificação. O nome "negro" não foi escolhido pelos povos africanos ou afrodescendentes. Por isso mesmo, a automarcação que está enlaçada à ideia de identidade, é política e é dinâmica, e não deve ser rebaixada a um ato de consolo ou compensação. Esses termos só têm sentido quando são usados com uma função prática e política.

A própria identidade do feminismo pode ser pensada a partir desses exemplos. O que o feminismo foi liga-se ao que o feminismo pode vir a ser, mas não o resume. É importante sustentar a noção de singularidade das pessoas, a identidade e o lugar que cada um reivindica para si, o direito de ser quem se é, como falamos antes — mas sempre atentos aos perigos dos dispositivos de poder capitalistas que transferem tudo para a ordem da mercadoria, do que serve e do que não serve ao sistema e pretendem sequestrar a própria singularidade no delírio narcisista. O que um "eu" reivindica para si mesmo, o direito de ser quem se quer ser, não pode jamais significar a imposição de uma compreensão de mundo, ou uma imposição de si, ao outro.

Com o outro podemos ter apenas uma relação de diálogo. O diálogo que é essencial à vida da democracia e à vida cotidiana, que nos torna felizes e plenos como seres humanos, depende do respeito às diferenças — inclusive em relação a teorias e visões de mundo.

Porque a luta feminista começou com as mulheres, muitas pessoas acreditam que elas são as únicas que podem ser feministas. Mas se mulher e feminista não são identidades naturais, e sim denominações históricas e identidades construídas, então as coisas não são bem assim. O feminismo não é um fundamentalismo. Ele é um processo de transformação revolucionário da sociedade.

Se Beauvoir tem razão e ninguém nasce mulher, mas se torna, é possível dizer também que ninguém nasce feminista, mas se torna. Quem se autocompreende como mulher e quem se autocompreende como feminista? Quem se autodenomina apenas para seguir a moda e quem faz parte da luta? Responder internamente a essa questão faz toda a diferença quando se trata de aderir a uma luta que opera a partir da complexidade do tema da identidade.

Não podemos esquecer que nossas ações pertencem a um determinado tempo histórico. Assim, cabe lembrar que sustentar uma identidade de mulher como natural, e não como construída e criada, pode levar ao retorno à heterossexualidade como norma sustentada na ideia de natureza. A heteronormatividade, como ideologia e padrão de comportamento sexual, controla corpos e desejos. Nesse sentido, não se pode falar de uma mulher natural, nem de um homem natural, nem de uma homossexualidade ou afetividade natural. Há, no entanto, quem acredite em verdades quanto ao sexo, como se o sexo fosse natural e não tivesse história. O sexo faz parte de um sistema de crenças. Ele é um signo de controle das pessoas, e o controle é algo que as religiões e os Estados sabem — e sempre souberam — fazer muito bem.

16. UMA LUTA REVOLUCIONÁRIA

É bom lembrar que os termos têm história. As heroínas mais revolucionárias não usaram a palavra feminismo em sentido autoafirmativo como a usamos hoje.

O termo "feminismo" já teve outros sentidos, e a sua negatividade afirmada pelo patriarcado permanece entre nós. O feminismo negro se tornou paradigmático ao reunir a luta de classes antiescravagista, antirracista e a luta das mulheres apontando caminhos de ressignificação. Necessariamente, a luta das mulheres é uma luta de trabalhadoras antiescravagistas, porque são trabalhadoras menosprezadas, subalternizadas e precarizadas no mundo do trabalho e na vida pública e são escravas no lar, como comentamos anteriormente.

144 | Feminismo em comum

As revolucionárias de antigamente (seja Clara Zetkin, seja Audre Lorde) sabiam que a luta feminista não podia ter como objetivo a liberdade sexual e de gênero sem que fossem levadas em conta a luta de classes e a luta antirracista.

Revolucionárias como Rosa Luxemburgo, Emma Goldman e Maria Lacerda de Moura não aderiram ao termo "feminismo" imediatamente. Simone de Beauvoir o fez quando essa luta assumiu contornos mais definidos em relação ao seu sentido como potência de transformação da sociedade. A postura dessas mulheres não se deu, evidentemente, em nome da manutenção do machismo, mas em nome de uma luta que, de fato, transformasse o mundo diante das imposições do patriarcado.

Rosa Luxemburgo, por exemplo, não pensava que o direito ao voto, a grande questão das sufragistas de seu tempo, fosse a solução real para os problemas das mulheres, pois não via como o voto das mulheres em homens poderia mudar a estrutura da sociedade. Atualmente podemos questioná-la sem desconsiderar suas razões no contexto em que ela vivia e lutava. Hoje pensamos que o direito ao voto só faz sentido se estiver junto ao direito de sermos votadas. Isso adquire um sentido extremo em um país como o nosso, no qual as mulheres ocupam um espaço mínimo no cenário parlamentar. Uma mudança nesse cenário vai depender de mudanças institucionais e culturais profundas, em um contexto no qual os partidos ainda servem aos homens, e as mulheres têm dificuldade até mesmo de encontrar tempo para fazer política, enquanto continuam aprisionadas a toda sorte de deveres domésticos e familiares.

O termo "feminismo" nem sempre teve um sentido revolucionário. Há feminismos muito bem comportados, digamos assim, e nada revolucionários — aqueles que defendem que as mulheres têm um papel natural no mundo da vida, sem avaliar os jogos de poder aos quais elas estão submetidas e nos quais são manipuladas. Há os estranhos feminismos de direita ou feminismos ornamentais que não correspondem ao sentido radical da luta feminista.

A palavra feminismo é usada de um modo polifônico em nossa época. Por isso há muitos debates internos ao feminismo. Todos esses debates relacionam-se ao sentido do feminismo como teoria e como prática. Feminismo só se tornou mais atraente porque se modificou na história e deixou de ser uma

146 | Feminismo em comum

palavra negativa — assim como "mulher" deixou de ser uma palavra negativa, do mesmo modo que "vadia" não é mais uma palavra negativa — a partir do momento em que o movimento inteiro resolveu usá-la em um outro sentido, ou seja, em que se promoveu um processo de ressignificação no contexto das lutas.

Essa modificação, digamos mais uma vez, só é possível porque em determinados momentos da história há uma atenção e um resgate das palavras promovido por ativistas, intelectuais, pesquisadores, por pessoas que lutam. Quando nos afirmamos como mulheres, ou como mulheres negras, ou como mulheres negras lésbicas, ou como mulheres negras lésbicas muçulmanas, ou como mulheres negras lésbicas muçulmanas e brasileiras, como homens trans ou mulheres trans, nos tornamos mais potentes politicamente no enfrentamento ao patriarcado. Mas essa autoafirmação se potencializa realmente na hora em que aderimos aos movimentos e nos responsabilizamos pelo coletivo.

17. POÉTICO-POLÍTICA

Nós nos acostumamos a falar de política sem ética e de ética sem política. Precisamos voltar a falar da relação entre os dois campos. A política no sentido de relação de poder, essa política no sentido tradicional, que envolve jogos de poder inclusive entre partidos, precisa ser desmontada e construída de outra forma por um verdadeiro questionamento no campo da ética. E ao mesmo tempo, é preciso voltar à ética, devemos colocá-la como um enfrentamento da moral enquanto sistema de costumes e hábitos sedimentados. A moral é aquilo que está dado como se fosse verdade. A ética é a chance de inventarmos nós mesmos e um outro mundo, isso só acontecerá a partir do pensamento crítico.

No sentido de invenção de si e do mundo, toda ética é, ao mesmo tempo, uma poética. Essa dimen-

148 | Feminismo em comum

são inventiva falta à política quando ela se separa da ética e se torna burocracia. Na política tradicional não nos sentimos autores da vida que vivemos. Em nossa reflexão sobre o feminismo, percebemos que ele será necessariamente uma ético-poética, ou seja, o feminismo é uma potência que nos leva a reinventar a política a partir da reinvenção de cada indivíduo. Do gesto da autoafirmação como feministas — ou seja, de mulheres conscientes dos jogos de poder nos quais estão envolvidas — depende o lugar ao sol, ao qual damos o nome de cidadania. A cidadania agrega os processos autopoéticos das singularidades humanas.

Há mecanismos em nossa sociedade que controlam os pensamentos, as crenças, as falas e o corpo. Controlar quer dizer proibir e permitir às pessoas, segundo as necessidades previamente definidas pelo sistema. O sistema que poderia fazer justiça em geral produz injustiças enquanto for um sistema de privilégios. O feminismo é uma ético-política e é uma ético-poética que visa a desestabilizar o estado de coisas caracterizado por sua injustiça.

Uma das maiores injustiças do patriarcado — ou a injustiça originária, aquela que se repete todo dia — é não tornar possível a presença das mulheres na história nem permitir que elas ocupem espaço de poder e expressão na sociedade. Cada espaço ocupado por mulheres é conquistado com dificuldade, com muita luta coletiva. O feminismo não visa à vitória de uma mulher que consegue espaço no patriarcado. As vitórias patriarcais não interessam ao feminismo. O que se busca é conquistar espaço como em uma luta por hegemonia que mude a vida de todas as pessoas.

O fato de as mulheres não fazerem parte da vida pública não se explica apenas por elas terem sido afastadas desse espaço em momentos diversos. As mulheres não contaram a sua própria história e, desse modo, não criaram a esfera pública. As mulheres representadas em pinturas, romances e filmes feitos por homens são emblemas do machismo, com as exceções que confirmam a regra. Sempre podemos nos perguntar sobre o conteúdo machista das narrativas. Também podemos nos indagar se as próprias mulheres o são quando, ao se tornarem narradoras, assumem a lógica machista sem muita consciência.

Não adianta responder que as mulheres são meras vítimas do patriarcado, pois o patriarcado conta com a adesão das vítimas ao seu jogo de linguagem. A estratégia patriarcal básica implica transformar todos

150 | Feminismo em comum

em machistas, inclusive as mulheres. O argumento que reduz as mulheres a pobres coitadas, incapazes de agir, empobrece o sentido da luta feminista, que se contrapõe a tudo isso.

De fato, as mulheres nunca foram simplesmente objetos, mas isso não quer dizer que não tenham sido vítimas. Ser vítima da violência patriarcal em todas as suas formas depende de jogos de manipulação, mas sobretudo, da própria estrutura social interiorizada por cada um.

A questão da representação das mulheres na vida política também é bastante grande. Os percentuais ínfimos de participação das mulheres nos cargos de poder pelo mundo afora são de deixar qualquer um perplexo.

Como é possível que, mesmo que representem mais da metade da população mundial, as mulheres estejam tão longe da política como instância de decisão sobre a sociedade? De fato, são os homens que ocupam os espaços de poder que detêm o privilégio sobre decisões. As mulheres precisam tomar parte nelas. Apenas votar, e votar em homens que dominam o sistema eleitoral há séculos, não fará diferença alguma.

As mulheres só poderão participar da vida das decisões se puderem construir a própria história, inclusive na política. Para isso, as mulheres precisam falar de si mesmas em todas as esferas — na arte, no conhecimento, na religião, por exemplo. Assim é que o feminismo pode restituir a cada uma seu lugar legítimo de fala.

Por isso é que todas as feministas, de um modo ou de outro, quando escrevem, falam de si mesmas. Elas aprenderam que o feminismo lhes devolve a biografia roubada. Nesse sentido, o feminismo tem como base ético-política a construção de si, que deve dar às mulheres outro lugar, no campo das decisões. Mas esse lugar não pode ser um lugar de homem ocupado por uma mulher. O feminismo é uma poético-política que necessariamente muda o modo de ser das convenções estabelecidas.

Só o feminismo permite às mulheres falarem de si mesmas sem mistificação. O feminismo se torna teoria crítica como processo de desmistificação tanto do feminino quanto do machismo que dele se serve. O feminismo não poderia, portanto, ser um machismo invertido, que usa o feminino e o masculino como "caráter" para, na verdade, sustentar o poder e a dominação de uns sobre outras. Por mais que esse possa parecer o único jeito de fazer justiça ao sofrimento histórico das mulheres, o feminismo não pode ser a defesa de um mundo de subjugação invertida. Não penso que o feminismo possa levar a isso, mas essa é uma desconfiança que muitos têm quando não notam que o feminismo é, sobretudo, uma análise e uma desconstrução crítica que também é autocrítica. O feminismo não é um sistema de poder como o patriarcado.

18. A EQUAÇÃO SADOMASOQUISTA

Nesse ponto, chegamos a outro aspecto muito importante. A história das mulheres poderia ser contada como a das vítimas, ainda que não possamos nos colocar estrategicamente nessa posição quando se trata de pensar na forma e na potência da luta. A mais difícil das condições é a de vítima, pois, mesmo quando espancada e assassinada, culpada e proscrita, vítima é aquela que desperta no seu algoz o desejo de espancar e assassinar. O sistema da violência opera por repetição de uma lógica sustentada nos traços de uma cultura do assédio, do estupro, da violência em geral e até da matança.

O feminismo crítico e autocrítico deve pressupor o sadomasoquismo que envolve sujeitos e instaura o laço social entre eles. Sadomasoquismo não é apenas

154 | Feminismo em comum

um teatro sexual do prazer e desprazer eleito por pessoas, mas uma estrutura relacional que se tornou caráter social, um jogo de poder diário que usa a violência simbólica e física contra os sujeitos envolvidos.

Em uma sociedade sadomasoquista, há algozes e vítimas. Essa não é uma relação justa nem simétrica. No sadomasoquismo social, há acordos perversos e delirantes. Podemos dizer que o sadomasoquismo é o cerne do patriarcado que se sustenta também na produção de acordos. Nesse sentido, podemos dizer que o patriarcado, assim como o racismo, é um grande delírio forjado pelo capitalismo que agrega afetividades comprometidas. O patriarcado pede adesão e, para isso, adula e violenta ao mesmo tempo.

As mulheres são vítimas do patriarcado, inclusive pelo fato de que trabalham para ele. Elas são vítimas, embora o patriarcado as queira ter como cúmplices. Os jogos de psicopoder (o jogo da tortura psíquica e mental que ficou popularizado entre feministas como "gaslighting") surgem para que as próprias vítimas se autocompreendam como culpadas. As mulheres assumem culpa ao acreditarem que essa é a posição meritória que lhes convém. As mulheres são oprimidas e seduzidas pela ordem como um todo. Faço esse comentário porque precisamos levar a discussão sobre o feminismo para além da ideia de que alguém, por ser mulher, está de antemão isenta da sedução patriarcal. Assim como o líder fascista "seduz" o cidadão, um machista "seduz", ou seja, convence, insidiosamente, a sua "presa" que é capaz de se entregar a ele depois de vastos processos de interiorização da culpa. O "gênero" feminino está associado à noção de culpa há muito tempo.

Ora, o capitalismo também seduz, e os trabalhadores se entregam a ele como produtores e consumidores, enquanto não passam de vítimas desse processo. Contudo, segundo a lógica do patriarcado, tais vítimas devem se sentir realizadas na posição que ocupam, elas devem sentir orgulho de sua própria submissão e subalternização. Em geral, a palavra "vítima" fica oculta desse jogo. Quem é submetido não deve saber que foi submetido. Isso não isenta ninguém de sua responsabilidade, mas deixa as pessoas de mãos atadas e vendas nos olhos, incapazes de agir para se liberarem dos grilhões. Eis por que a produção de consciência feminista é urgente.

Os elos sadomasoquistas são próprios do capitalismo. O feminismo como teoria e prática crítica é

156 | Feminismo em comum

necessário para desmontá-lo. Só o feminismo pode ajudar as pessoas a saírem do "acordo sadomasoquista" com o patriarcado, do mesmo modo que só a luta de classes faz o indivíduo sair do acordo sadomasoquista com o capitalismo.

O patriarcado se constitui nessa espécie de "equação sadomasoquista", de um lado ficam os homens e o poder, de outro, as mulheres e a violência. O poder que garante a violência contra o outro está para o sadismo assim como a subjugação está para o masoquismo. As mulheres não podem exercer o poder político, econômico e o do conhecimento, e são mantidas no lugar de eternas vítimas da violência que são vigiadas diariamente para que não escapem de seus confinamentos. Os homens exercem o poder e a violência contra as mulheres mantendo-se na posição de privilegiados do sistema. É justamente a violência masculina que sustenta o sistema de privilégios.

Por isso, o movimento feminista se posiciona como luta contra a violência exercida na intenção de destruir as mulheres. Que mulheres serão destruídas? Todas aquelas que se negarem a servir ao patriarcado capitalista. Todas as que acabarem por

A equação sadomasoquista | 157

ser inúteis para esse sistema. Tais serviços são sexuais, maternais, sensuais, domésticos, físicos e simbólicos. Evidentemente, aquelas que criticarem o sistema serão consideradas as mais insuportáveis para ele e receberão tratamento relativo ao "mal" que causam à ordem preestabelecida.

A produção de uma consciência feminista verdadeiramente radical se torna urgente na superação desse estado de coisas.

19. SER FEMINISTA: RELATAR A SI MESMA

Tornei-me feminista em contato com os livros de filosofia. Na minha época e no meu contexto, não era fácil descobrir o feminismo. Não havia onda, não era moda, eu vivia em um mundo de homens e simplesmente não se falava sobre feminismo.

Primeiramente, eu me preocupei com o lugar das mulheres na filosofia, o nome feminismo ainda não me dizia o que diz hoje porque simplesmente nunca era mencionado no contexto da filosofia brasileira do final dos anos 1990. Quando comecei a estudar as mulheres na filosofia, fosse como objeto da fala misógina dos filósofos, fosse como pura curiosidade, eu mesma não me via como uma mulher. No âmbito das minhas reflexões, o signo mulher não era mais que um signo. De fato, eu mesma recalcava o que isso significava na minha vida.

160 | Feminismo em comum

Hoje, o termo "feminista" é usado para elogiar e provocar o protagonismo social das mulheres, mas, ao mesmo tempo, sempre foi usado para desabonar alguém. Mesmo de forma sutil, é comum ouvir pessoas repreendendo mulheres com frases como: "Você é feminista demais." Ora, nem sempre a luta das mulheres foi chamada de feminismo. Mas, quando o nome surgiu, ele criou uma intrusão no sistema epistemológico, ou seja, no regime do "conhecimento" patriarcal e abalou estruturas.

Há ainda muitas mulheres que preferem não usar o termo "feminista" para falarem de si mesmas, mesmo quando são muito feministas. Eu mesma durante muito tempo não queria me dizer feminista, pois achava a palavra um pouco radical no sentido porque me parecia voltada à divisão da luta de classes no mundo. Demorei a elaborar isso e só consegui quando encontrei o feminismo negro e sua proposta de interseccionalidade das opressões e das lutas. Gênero e sexo sempre me pareceram mais categorias de opressão do que de análise, e demorei a assumir que era preciso enfrentar essa opressão por meio de seus próprios termos.

Demorei a perceber, ou melhor, a aceitar, que eu também, de algum modo, era mulher e que, de modos diversos, sofria com discriminações de sexo e gênero. Percebi que não bastava ser igual a um homem para poder viver em sociedade sem ser muito perturbada e coagida. Eu tentei não ver esse lugar de opressão para não me sentir na posição de vítima da história ou das circunstâncias. Essa é uma postura muito comum. Um jeito que eu e muitas mulheres encontramos para nos sentirmos fortes em um sistema que nos quer fracas. Creio que o feminismo contemporâneo veio sinalizar esse problema como uma situação comum a muitas mulheres. Essa percepção geral partilhada colabora hoje para que muitas mulheres consigam se relacionar ao feminismo muito mais cedo e com menos sofrimento.

Somente hoje consigo olhar com mais tranquilidade para as várias injustiças que sofri relacionadas ao fato de eu ter sido marcada como mulher e invisibilizada como pessoa. Entendi muito tempo depois que eu só pude estudar filosofia e artes, considerando a minha origem de classe (eu venho de uma família cultural e economicamente desfavorecida e sem privilégios), porque, na verdade, ninguém esperava nada de uma mulher senão que ela se casasse e tivesse filhos e não causasse problemas. Ao mesmo tempo, eu percebi que, já que não

162 | Feminismo em comum

esperavam nada de mim, estava livre para fazer o que quisesse.

Do mesmo modo, só percebi que a questão machista pesou em um concurso prestado por mim em uma grande universidade quando o presidente da banca disse para todos que estavam presentes: "Essa mulher aqui, nem pensar." Foi um momento curioso, porque, mesmo empatada tecnicamente com o primeiro colocado, eu fui "rebaixada" a um lugar de mulher. O meu algoz usou o signo mulher contra mim e como motivo para aprovar o outro candidato.

O outro candidato possuía um currículo menor do que o meu. Uma mulher tem sempre que provar que é melhor do que seu concorrente homem e, mesmo assim, não basta para vencê-lo. Mas isso não importa agora, o que importa foi a estratégia. No enunciado do colega machista presidente da banca, ele pretendia me reconduzir ao lugar de "mulher" que não era o lugar que ele ocupava. Ele apagou o meu nome e se referiu a mim como "essa mulher". Era um jeito de apagar meu currículo e apagar o meu lugar que talvez o ofenda, pois é um sujeito que nunca escreveu livros e tem uma fama terrível de incompetente.

Ora, o presidente da referida banca não é mais do que um desses idiotas inexpressivos que representam o machismo institucionalizado que mulheres enfrentam no mundo do trabalho, cujo poder foi apropriado pelos homens e é mantido até mesmo nas hipoteticamente "melhores faculdades" de filosofia do país. Perceber o machismo estrutural no dia a dia, na desigualdade doméstica e na pública implica também assumir nossa cegueira sobre as misérias da condição feminina. Se muitas vezes não queremos ver, pois o que vemos nos faz sofrer, também participamos da invisibilidade à qual fomos condenadas. E, como começamos a vida olhando para o mundo com nossas lentes limitadas (pelas circunstâncias, pelas crenças, pelos discursos, pelas ignorâncias), nem sempre temos o olhar mais atento para as coisas que nos cercam. É preciso ver mais longe. O feminismo nos ajuda nesse processo.

Voltando, bem depois é que acabei aderindo ao termo "feminismo", que resumia muitas das coisas que eu estudava na universidade e observava na vida e que essa expressão servia, de modo específico, como um acelerador histórico para a luta. Lembro que foi na televisão, quando eu participava do programa *Saia justa*, quando o feminismo era para mim ainda apenas um objeto de estudos, que precisei me dizer feminista — porque percebi que a essencialização era uma regra na visão de mundo das pessoas que ali participavam dos debates. Chamava a minha atenção, sobretudo, a presença do discurso essencialista. Segundo esse discurso, se diz que homens são assim, mulheres são assado.

Mas qual seria o problema do essencialismo?, dirá alguém que entra agora na leitura deste livro sem qualquer aviso prévio. Ora, o posicionamento essencialista pressupõe a existência de uma verdade única, localizada na ideia de essência, o que em capítulos anteriores chamei de "natureza".

Onde estaria a essência? O que seria a essência quando se trata de compreender um ser humano que, seja na história, seja na sociedade, seja na cultura ou na vida cotidiana, se modifica dinamicamente? Na televisão onde eu trabalhava, assim como na vida, os debates se encaminhavam para a naturalização dos comportamentos de mulheres e dos homens, o que era tratado como algo óbvio.

Naquela época, meados da primeira década do século XXI, dizer-se feminista no Brasil não era cool como é hoje. Para mim soou como um desafio. A questão racial e a transgênera também eram muito mal abordadas. Aliás, de um modo geral, podemos dizer que há bem pouco tempo é que começamos a falar sobre isso mais abertamente.

Contando essa história e tendo lido ao longo da vida livros de feministas — e tendo escrito algumas coisas sobre o tema na intenção de colaborar com a produção de uma consciência crítica —, fica evidente para mim que o feminismo nos dá uma biografia. Ele é o jogo de linguagem revolucionária produzido por mulheres conscientes que nos dá a chance de construir uma narrativa de si. Essa narrativa implica biografia, autoavaliação crítica e autocrítica do que significa ser mulher em uma sociedade patriarcal. Trata-se da narrativa daquelas pessoas que não tiveram narrativa, que não tiveram direito a uma história. Por meio dessa história que vem sendo construída e que tem um longo caminho pela frente, o feminismo nos dá a chance de nos devolver ao nosso tempo, ao nosso pensamento, ao nosso corpo.

20. A VIOLÊNCIA E O PODER

Na filosofia política de Aristóteles, Pólis é a cidade-Estado, e Óikos, o território da casa. A primeira é reservada aos homens, e o segundo, às mulheres, aos escravos e aos animais. Economia é um termo que tem na origem a palavra óikos, do mesmo modo que política vem de pólis. As bases da separação entre público e privado estão dadas aí e correspondem à diferença entre gêneros e classes, bem como entre cultura e natureza. No mundo da pólis grega, se exerce a voz que leva à expressão e à partilha das ideias. Assim se constitui o reino da democracia ateniense ocupado pelos homens na ágora que é, justamente, o espaço público do encontro entre cidadãos. No espaço da casa, há o trabalho, a procriação e a sustentação administrada da vida. Essa separação entre público

168 | Feminismo em comum

e privado coloca homens e mulheres (e escravos e animais) em mundos separados.

Essa separação rege o pensamento e as práticas ético-políticas da história humana. Público e privado correspondem a mundos habitados por homens e mulheres (e escravos e animais). Essa estrutura da vida social e política grega sedimentou-se e continua como uma base inconsciente até a nossa época.

O reino do público se define pela ordem do poder, e o reino do privado, pela ordem da violência. É um fato que a violência contra as mulheres é uma constante cultural e continua a crescer em todas as sociedades. A violência doméstica (que deve ser mais bem definida como violência que os homens exercem contra mulheres dentro de casa) sempre foi assunto levantado pelas feministas. A politização feminista aconteceu na defesa das mulheres contra esse tipo de violência, a saber, a violência que vem dos homens, dentro e fora de casa. A questão da violência doméstica é até hoje uma das principais bandeiras dos movimentos feministas.

A violência mais comum contra as mulheres se apresenta, em um primeiro momento, como violência doméstica, mas não é apenas ela que atinge as mulheres. A desigualdade do trabalho doméstico, o papel da maternidade e toda uma lógica do próprio casamento historicamente sustentada como submissão da mulher ao homem definem-se como violência estrutural e simbólica. Em um tom mais radical, poderíamos até nos perguntar se a ordem doméstica, ou seja, a organização da sociedade que reserva às mulheres um lugar de confinamento e um papel de gênero associado à servidão, não é, ela mesma, aquela que instaura as condições de possibilidade da violência doméstica. Quero dizer, é porque nos organizamos como um lar que a violência é inevitável.

Guardemos essa hipótese que pode nos ajudar a refletir sobre a sustentação e o avanço da violência doméstica em uma sociedade na qual isso já deveria ter sido superado. O fato de que não tenha sido superada faz pensar que a violência doméstica acompanha a produção sistemática da violência extradoméstica. A questão que proponho é que pensemos na intimidade conceitual e prática existente entre mulheres, vida doméstica e violência e que verifiquemos se essa violência aceita e consentida não é o lastro a partir do qual toda violência contra as mulheres é perpetrada.

170 | Feminismo em comum

Ao mesmo tempo, precisamos ter em vista um dado que nos permitirá avançar em nossas considerações. É curioso que o número de mulheres que ocupam lugar no parlamento, nos poderes Executivo e Legislativo, seja hoje em dia tão pequeno e, em certos países, como o Brasil, não evolua. As mulheres concernem bem mais ao mundo da violência do que ao mundo do poder, não é verdade? A equação política continua evidente: de um lado estão as mulheres e a violência doméstica, de outro, estão os homens e o poder público. Essa equação mostra o nexo mais profundo entre os fatores em jogo no momento em que observamos a oposição que estrutura essa relação: enquanto a violência é "sofrida" por mulheres, o poder é "exercido" pelos homens. É evidente que a violência sofrida por mulheres é exercida certamente por homens, mas também por toda uma sociedade que produz e sustenta esses mesmos homens como seres de privilégios contra outros seres que, não sendo homens, não teriam privilégios. A violência existe para sustentar privilégios. Muitas mulheres que se sentem naturalmente parte do patriarcado (sem assumir esse nome) ajudam a confirmar a ordem vigente e a tendência dominante machista, porque aproveitam alguma coisa do sistema de privilégios.

Não quero reduzir a questão da violência à dos privilégios, mas é um fator importante, já que os privilégios são a forma imediata do poder, ele mesmo infinitamente complexo. E me parece verdade que, de um modo geral, quem tem mais poder, tendo mais privilégios, sofre menos violência. Justamente porque a ideia de privilégio implica a possibilidade de não sofrer violência, mas de perpetrá-la.

Vamos deixar claro também que nem todos os homens exercem violência e que alguns poucos conseguem romper com o privilégio. Há exceções a qualquer regra.

Por privilégios entendemos as vantagens provenientes de posições sociais, políticas, econômicas, de gênero, raciais, etárias. Sabemos que o capitalismo é, ele mesmo, a versão econômica do que o machismo é em termos de gênero. Ele é um sistema de favorecimentos. Natural que, no machismo elevado à razão de Estado, como vemos no Brasil de hoje, os autofavorecidos sejam os homens e suas mulheres, colocadas debaixo de jargões, tais como o conhecido "bela-recatada-do-lar", que se tornou piada popular num contexto em que as mulheres, de um modo geral, se sentem mais livres do que o patriarcado gostaria que elas fossem. Verdade também que essa construção é violenta de um ponto de vista simbólico, e quem a constrói, ou quem se submete a ela, não está preocupado com isso.

Evidentemente, não estou sustentando que não exista violência contra homens, e entre eles. Seria absurdo dizer isso. Certamente há opressões para todos em uma sociedade capitalista que administra privilégios e opressões de raça e classe, além das de gênero e sexualidade. O que está em jogo é entender o padrão, no mínimo curioso, que implica que as mulheres estejam do lado da violência, e os homens, do lado do poder, que haja muita violência contra mulheres e pouquíssimo poder administrado por elas.

A quantidade e a qualidade da violência contra mulheres são atravessadas por fatores diversos. Se for verdade que a vítima desperta o desejo de proscrever, então, tanto mais violência sofrerá aquele que menos poder tiver. Isso nos leva a algumas considerações necessárias: 1) há um nexo entre violência e poder que não permite confundi-los; portanto, poder não é simplesmente violência e violência não é simplesmente poder; 2) onde não se exerce o poder, se sofre a violência, a violência é o que resta para aqueles que não têm poder.

Podemos considerar também que a violência é usada para evitar que o poder seja tomado por aqueles que são marcados pela violência. Nesse sentido, surge uma pergunta fundamental: haveria, para os seres heterodenominados "mulheres", alguma chance de fazerem parte da comunidade humana que não fosse sob o jugo daqueles que, como algozes, as heterodenominaram? É possível fazer parte da democracia quando se está ainda confinada ao lar ou às suas regras heterodefinidas? As regras do poder impostas à vida feminina — entre elas o "ficar em casa" — não seriam simplesmente repetidas na ordem pública para autossustentação do poder masculino?

Nessa linha, devemos lembrar dos discursos misóginos dos políticos. Lembro quando o então presidente do Brasil se manifestou, em 8 de março de 2017, com um comentário infeliz relacionando mulheres e economia doméstica. Seu tom transitava do desconhecimento de economia ao desconhecimento da vida das mulheres. Ele falava como um homem ignorante quanto à luta das mulheres por direitos, quanto à vida das mulheres como trabalhadoras, como profissionais, artistas, cientistas e para além das sexualidades heteronormativas.

174 | Feminismo em comum

Como representante do culto da ignorância machista, a fala do presidente do golpe perpetrado no Brasil em 2016 foi estratégica. Se, de um lado, podemos supor uma tentativa de mistificação das massas de mulheres que de fato são também donas de casa — fingindo que elas são principalmente isso, que não são trabalhadoras e profissionais nas mais diversas áreas —, de outro, vemos ressurgir a velha esperança do machismo: de que as mulheres fiquem em casa a esperar sentadas, que não entrem na política, muito menos com a consciência política à qual damos o nome de feminismo.

Se almejamos o fim da violência doméstica, devemos levar a sério a ideia de que poder é ação conjunta e de que violência é a destruição do poder possível, do poder dos outros.

Enquanto convocamos as mulheres do mundo para que se unam à luta feminista, essas mulheres que trabalham o dia inteiro, realizando várias jornadas de trabalho — sendo a própria casa a oficina da desigualdade doméstica —, podemos sugerir aos machistas que esperem sentados em seu trono de privilégios. Eles não perdem por esperar!

Às mulheres, sugerimos que não façam o mesmo. É preciso lutar para modificar o mundo.

21. DIÁLOGO EM NOME DE DIREITOS

As chamadas "minorias" alcançaram um lugar no cenário político por meio da afirmação de suas identidades. É importante sublinhar que o termo "minoria" em seu uso isolado perde sua conotação fundamental. Por isso, é dever didático, mas também político, compreender que se trata de "minorias políticas", embora sejam maiorias populacionais. Apenas a articulação desses grupos majoritários enquanto população pode mudar esse quadro essencialmente antidemocrático em que vivemos.

A participação política implica a entrada do corpo marcado no lugar que o poder reservou para si contra os corpos, aquele lugar onde o poder se exerce para dominar o outro, para subjugar, para submeter, transformando cada um em objeto: o trabalhador no capitalismo, a mulher no patriarcado, o negro na raça, as

176 | Feminismo em comum

formas de sexualidade no regime do contrato sexual e de gênero heteronormativo. A consciência disso levou a um ato de "contramarcação" politicamente produtivo: hoje, as mulheres se autoafirmam como categoria política, bem como as mulheres negras, os negros, os gays, as lésbicas, os surdos, os mudos, os quilombolas, os moradores de rua, os sem-terra, os indígenas, os deficientes físicos e assim por diante, sempre tendo em vista mais do que a reivindicação de direitos, a produção de novos espaços em que as próprias presenças atuantes devem mudar o mundo.

Só se entra na esfera política quando se quebra a blindagem do poder. Essa entrada é parte essencial da luta política, seu momento originário a ser sempre reafirmado. Assim como um xamã ou cacique, que, mesmo com um nome próprio, fala de si como "índio" para se fazer entender pelos não índios, as mulheres e as feministas, que já desconstruíram o paradigma antigo do "natural", também falam de si com intenção política e didática, de fazer o outro entender.

Como vimos antes, uma característica de nossa época é a sustentação da singularidade, a forma subjetiva que expressa a existência de cada um como um

Diálogo em nome de direitos | **177**

ser de diferença. A noção de singularidade remete ao desejo de conquistar um lugar para si através da autoafirmação do "lugar de fala", ou seja, do direito à própria voz na esfera pública.

Precisamos voltar atrás nessa questão. Os filósofos que escreveram confissões, as pensadoras que levantaram questões sobre os direitos das mulheres, muito antes de dispormos do nome feminismo, ocuparam um lugar de fala em um sentido metodológico. Até mesmo Descartes, ao escrever "Penso, logo existo", fez uso do que pode ser entendido como um lugar de fala, o direito de falar por si mesmo. O lugar de fala é fundamental para expressar a singularidade e o direito de existir. Porém, ele pode ser deturpado. Isso acontece no momento em que é reivindicado nos discursos de pessoas autoritárias que desejam expressar preconceitos e o fazem dentro de parâmetros que tentam insistir como sendo democráticos. Esquecem que o que destrói a democracia não pode ser considerado democrático.

Quando figuras autoritárias usam a expressão 'lugar de fala", buscam implodir o sentido da expressão e acabar com sua funcionalidade prática. Ora, se confundimos o lugar de fala com a expressão de uma verdade pessoal à qual não deveríamos reduzir a singularidade, sempre podemos usá-lo para fins autoritários. Por meio dele, podemos interromper a luta, como personalidades autoritárias, tais como fascistas que se tornam muito comuns em nossa época.

Por isso, não é possível falar do lugar de fala sem pressupor o diálogo como jogo no qual entra em cena o reconhecimento do outro. O lugar de fala como direito à autoexpressão não pode ser reduzido ao discurso estanque, ele não é o puro desabafo, mas a sustentação de uma presença que, reivindicando e ocupando o seu lugar de direito, cria espaço para a presença de outros corpos.

Aí é que se torna necessário distinguir o lugar de fala do que podemos chamar de "lugar da dor". O lugar da dor é individual, e em relação a ele só podemos nos posicionar no que imediatamente se define como "lugar de escuta". Se o lugar de fala é o lugar democrático em relação ao qual precisamos de diálogo, sob pena de comprometer a luta, o lugar de escuta é o seu porto necessário.

Às vezes um lugar de fala pode ser um lugar de dor, às vezes um lugar de dor pode ser um lugar de fala. Se o lugar de fala é abstrato e silencia o outro quando deveria abrir para o diálogo, ele já não é mais um lugar político, mas um lugar autoritário que destrói a política — no sentido das relações humanas que visam ao convívio e à melhoria das condições da vida em sociedade.

Talvez até agora não tenhamos avaliado uma questão, a de que a marcação implica uma dor. Aquele que é marcado como minoria carrega a sua dor, e toda dor deve ser respeitada. De onde vêm as dores políticas? Da violência do poder. Por isso, para que o lugar da dor se torne lugar de fala, é preciso articular a dor, reconhecê-la, colocá-la em um lugar político, aquele lugar onde o corpo da alteridade está incluído como um sujeito de direitos. Por isso, Vilma Piedade tem razão em falar de "dororidade" em vez de "sororidade".[18] O que une as mulheres e as feministas negras é a capacidade de perceber esse lugar de dor.

Se o lugar de fala — mesmo quando tenha vindo da dor — interrompe o diálogo, corre o sério risco de se posicionar contra si mesmo, de ter regredido a um momento que podemos chamar de antipolítico. Se, de dentro da minha dor, elimino o diálogo, posso

---

18. Vilma Piedade, *Dororidade*, São Paulo, Editora Nós, 2017.

180 | Feminismo em comum

já ter deixado de lado a luta. Posso estar perdido em um exercício de puro ressentimento, no extremo — e há extremos —, posso estar gozando na vingança ou na prepotência autoritária mascarada das mais belas lutas. Com isso, quero dizer: não podemos perder de vista a racionalidade capaz de desmontar o sistema; os afetos puros e simples que atravessam as lutas podem preparar armadilhas.

Ora, ninguém está livre de afetos tristes em política. Quantas vezes não nos deixamos levar por vaidades, infantilismos, ressentimentos? As rachaduras das lutas dependem muito desses processos e só fazem mal às lutas. Quantas vezes o moralismo burguês toma nosso corpo e nossa mente e nos faz disputar poder e espaço com os próprios companheiros e companheiras, quando deveríamos nos unir para combater inimigos reais?

Digo isso na intenção de autocrítica da luta em nome de uma postura ética muito cuidadosa em relação às lutas. Somente uma ético-política da luta sustenta a verdadeira política da luta. Pois a luta política sem ética é como a luta ética sem política. A destruição da própria luta é a destruição da política. E vice-versa, pois política é fundamentalmente luta.

22. POLÍTICA DA ESCUTA

Nada é mais importante, no contexto das disputas dos lugares de fala, do que a política da escuta. Um homem branco, sujeito de privilégios, deve praticar essa política sempre se pretende se desconstruir e deixar de ser um homem branco. Um homem branco poderá até ajudar muito se praticar essa ético-política da luta por meio da escuta. Ele poderá, junto aos seus, ser um mensageiro dos direitos nos quais crê ou defende ser bons para a sociedade. A desconstrução do homem branco e do seu lugar de privilégio e violência é essencial para o avanço de uma sociedade democrática.

A confusão atual sobre quem pode falar sobre o que em termos de luta precisa ser desmanchada: assim como não deve haver hierarquias de opressão, não deve haver hierarquia de luta. O protagonismo

182 | Feminismo em comum

dos sujeitos marcados pelas opressões não pode se tornar motivo para que uns não lutem por todos. O risco que corremos ao impedir que aqueles inseridos como homens brancos falem é que sejam autorizados a lutar apenas por seus próprios direitos e, desse modo, contra os direitos dos demais, perpetuando um sistema de injustiça. Em um outro mundo possível que o feminismo visa a construir, não podemos excluir ninguém, e isso não quer dizer que as subjetividades autoritárias possam ser sustentadas em seu lugar. O paradoxo da luta que alimenta a opressão só pode ser ultrapassado pela razoabilidade do seu efeito concreto.

Estive em um evento falando com muitas mulheres, ativistas e feministas de diversos movimentos. Ao fim de todas as falas, um cidadão que era objetivamente um "homem branco", no sentido de ser um indivíduo de pele branca, representante do movimento dos moradores de rua, pediu a palavra e disse que não tinha conseguido a adesão de nenhuma mulher do movimento para estar ali naquele momento. Em suas palavras, as mulheres que moram nas ruas vivem em condições piores do que as condições dos homens nas mesmas circunstâncias. Ele tinha consciência disso.

Ele era um homem só e naquele momento vivia o conflito de estar ali e falar o que estava em questão, ou simplesmente ficar quieto. Ele poderia não ter se manifestado para não ofender o lugar de fala de uma mulher moradora de rua. Afinal, ele era um homem e aquele era um momento da fala feminista que defendia os direitos das mulheres.

A questão que entra em jogo é se ele deveria ter falado ou se deveria ter calado. Podemos também nos perguntar se sua singularidade poderia ser apagada naquele momento, ou seja, se deveríamos, nós, as mulheres presentes, proibir a sua fala. Decidimos que ele deveria falar. Ele falou e foi ouvido. Assim confirmamos uma verdade: uma mulher não estava ali porque, no sistema de opressão para todos, as mulheres são ainda mais oprimidas. Isso não basta para solucionar a injustiça do sistema, mas se trata da irrupção da verdade para a qual devemos estar abertas se queremos produzir mudanças. Esse homem é um aliado, alguém que pode ajudar a mudar o sistema, à medida que é um sujeito da consciência.

Se o evento feminista organizado naquele cenário silenciasse aquele homem naquele momento, não cairia em uma espécie de autoritarismo disfarçado?

184 | Feminismo em comum

A fala daquele homem não representou uma mulher, mas mostrou que o corpo de um homem presente só estava ali porque o sistema de injustiças produziu aquela verdade histórica.

Alguém poderia dizer que aquele homem era um opressor camuflado que veio protagonizar no lugar onde deveria estar uma mulher moradora de rua. Alguém poderia dizer que ele mesmo mentiu para estar naquela posição, apagando com seu gesto o protagonismo de uma mulher. Nunca saberemos.

O fato é que sua presença e sua fala apontaram para uma ferida social imensa. Ele falou como podia falar, a partir da consciência da falha da representação, e, desse modo fez notar a ausência das mulheres de rua e de muitas outras mulheres que não estavam ali. Ele colocou a ausência em cena a partir da própria estrutura do sistema. Ao falar, usando seu lugar de fala de homem morador de rua, ele mostrou não apenas a ausência das mulheres mas também a de outros homens e de pessoas em geral em uma sociedade em que a injustiça é, para todos, uma espécie de ironia do destino democrático. Ele conseguiu, assim, dar relevo à sua luta e ao lugar ausente de alguém que não poderia estar ali por não ter as mínimas condiçõés para exercitar sua presença diante de outros. A presença negada, ou seja, a ausência imposta, é um efeito da sociedade patriarcal capitalista e racista produtora de desigualdades.

Teria ele roubado o "protagonismo" de alguém? Ou teria mostrado a importância da fala e do direito à presença? Teria ele usado um lugar de dor, além de um lugar de fala? Pensemos. Naquele momento, ele me pareceu o porta-voz de algo absurdo, do abismo profundo em que estamos mergulhados. Sem ele, nós, que moramos em casas, não teríamos notado a ausência das moradoras de rua, como constantemente não se nota a ausência daqueles (pessoas com deficiência, negros, idosos, índigenas) com quem não se tem identificação imediata. Por isso, é fundamental que se perceba a ausência dos corpos que deveriam compor a democracia em todos os processos democráticos.

23. PENSAR JUNTAS, JUNTES E JUNTOS:
POR UM FEMINISMO EM COMUM

O que somos capazes de perceber do mundo em que vivemos? Contradições sociais são complexas, e a produção de ilusões para evitar que vejamos essas contradições não cessa. É preciso parar a produção de ilusões própria à máquina ideológica que é o patriarcado.

O feminismo é o freio de mão nessa máquina que é também uma máquina trituradora de corpos. Nesse sentido, o feminismo se faz como uma chave de acesso a um mundo melhor no qual viver. As mulheres continuam oprimidas, humilhadas e violentadas, mas cada vez mais conscientizam-se das opressões e múltiplas violências sofridas graças a processos dialógicos vividos de diversas formas.

Apesar dos privilégios, em uma sociedade patriarcal, os homens vivem mergulhados em uma profunda miséria do espírito, em uma sociedade que se autodestrói. A desconstrução da masculinidade, que a cada dia se torna mais tóxica e violenta, se torna urgente.

Com o avanço da consciência feminista e a desconstrução do machismo, podemos entender o que pode vir a ser um "mundo melhor". Contudo, não haverá mundo melhor para ninguém se não houver uma construção conjunta capaz de pensar em processos sociais que miram o que podemos chamar de "comum". A emancipação de todas, todes e todos é um horizonte desse "comum".

A transformação da sociedade precisa ser pensada rumo a uma vida melhor para todas as pessoas. Isso implica pensar outro projeto de sociedade e de democracia. Uma democracia radical que envolva cada corpo, cada singularidade na condição de presença participante é o que desejamos. Outra política, outro poder, outra educação, outra ética, outra economia é o que se propõe em termos de feminismo prático.

O feminismo é o campo teórico e prático que pode construir uma política com outros referenciais:

a natureza, o corpo, o cuidado, a presença, a vida digna. Escrevo pensando em termos ecologistas e acreditando que o ecofeminismo, como reconhecimento de nosso lugar na natureza e mote da construção política, é o futuro que devemos conquistar.

Penso agora no meu país, o Brasil. No ano de 2016, a democracia sofreu um golpe. Dilma Rousseff, nossa primeira presidenta mulher, foi vítima de um processo misógino que culminou em sua deposição absolutamente injusta. As provas estão claras neste ano de 2021, quando trabalho na edição revista e ampliada deste pequeno manifesto. Uma ditadura machista, insidiosa e cínica foi instaurada desde então. Eu mesma tive que sair do país e viver no exílio, desde 2018, ano da publicação da primeira edição deste livro. O MBL (Movimento Brasil Livre, uma organização de cunho fascista) invadiu todos os lançamentos deste livro nos mais diversos locais do Brasil. Eu fui perseguida sistematicamente e ameaçada de morte inúmeras vezes. Homens armados entravam nos eventos, espancavam pessoas e tentavam me intimidar. Havia ameaças de que entrariam em minha sala de aula e me matariam com "um tiro no meio da testa". A campanha de difamação nas redes sociais me colocou numa espécie de "fogueira virtual". Eu fui transformada em uma bruxa para a extrema direita e suas hordas de seguidores sedentos por violência e destruição. Viver como escritora e professora no Brasil se tornou impossível, e eu fui obrigada a aceitar ajuda estrangeira e sair do meu país no final de 2018, após ter sido candidata ao governo do Rio de Janeiro e ter experimentado toda a misoginia implicada naquela eleição. O ano de 2018 foi o ano do assassinato de Marielle Franco. Os seus assassinos faziam parte de grupos de extermínio que funcionam como milícias atuando em diversas frentes e chegaram ao poder nacional. O assassinato de Marielle Franco é um divisor de águas na história do feminismo brasileiro. Muitas mulheres despertaram para a necessidade de ocupar a política, os espaços de poder e decisão e crescem em nosso país os coletivos e movimentos por mais mulheres na política.

No Brasil anterior ao golpe de 2016, tínhamos muitos problemas, mas havia também a esperança de mudar. O básico patamar democrático nos permitia lutar por direitos, apesar de todos os problemas. Em 2020, vimos as feministas argentinas conquistando o direito ao aborto enquanto, no Brasil, o fascismo avançava.

O feminismo é a promessa teórica e prática de um mundo melhor. O feminismo, como ético-política, defende a laicidade do Estado, a legalização do aborto, a renda universal, o respeito aos direitos humanos e a uma vida de acesso à educação e à cultura. O feminismo defende uma vida na qual as pessoas não sejam maltratadas seja por sua condição física, seja por seus desejos. O feminismo defende uma sociedade na qual as pessoas sejam ajudadas, amparadas e cuidadas. O feminismo propõe uma sociedade de direitos fundamentais em que o Estado esteja a serviço dos direitos humanos e não das oligarquias privilegiadas e autoritárias.

Seja qual for o mundo melhor que desejamos construir, o feminismo é o caminho. O rumo delirante ao qual o patriarcado conduz a sociedade precisa ser interrompido.

Entendo por feminismo em comum o convite ao diálogo entre todas as mulheres, entre todas as feministas e a todas as pessoas que lutam por um mundo melhor. Aceitar esse convite é uma questão de inteligência e sensibilidade sociopolítica e de amor ao mundo.

OUTROS LIVROS DA AUTORA

Não ficção

O que não se pode dizer: experiências do exílio – com Jean Wyllys (Civilização Brasileira, 2022)

Complexo de vira-lata: análise da humilhação brasileira (Civilização Brasileira, 2021)

Como derrotar o turbotecnomachonazifascismo – ou seja lá o nome que se queira dar ao mal que devemos superar (Record, 2020)

Delírio do poder: psicopoder e loucura coletiva na era da desinformação (Record, 2019)

Ridículo político: uma investigação sobre o risível, a manipulação da imagem e o esteticamente correto (Record, 2017)

Como conversar com um fascista: reflexões sobre o cotidiano autoritário brasileiro (Record, 2015)

Filosofia prática: ética, vida cotidiana, vida virtual (Record, 2014)

Sociedade fissurada: para pensar as drogas e a banalidade do vício – com Andrea Costa Dias (Civilização Brasileira, 2013)

Olho de vidro: a televisão e o estado de exceção da imagem (Record, 2011)

Filosofia em comum: para ler-junto (Record, 2008)

Ficção

Sob os pés, meu corpo inteiro (Record, 2018)

Uma fuga perfeita é sem volta (Record, 2016)

Era esse meu rosto (Record, 2012)

O manto – Trilogia Íntima, vol. 3 (Bertrand Brasil, 2009)

A mulher de costas – Trilogia Íntima, vol. 2 (Bertrand Brasil, 2006)

Magnólia – Trilogia Íntima, vol. 1 (Bertrand Brasil, 2005)

Infantojuvenil

Filosofia brincante – com Fernando Chuí (Record, 2010)